무의식의 힘으로 저절로 잠드는 수면 심리학

생각이 너무 많아
잠 못 드는 ____ 나에게

무의식의 힘으로 저절로 잠드는 수면 심리학

생각이 너무 많아
잠 못 드는 ____ 나에게

비타북스

생각을 멈추고
깊은 잠으로 빠져드는 방법

"'스트레스'와 '잠'은 서로 밀접한 관계가 있다."

누구나 한 번쯤 들어본 적 있는 이야기지요. 저 또한 오랫동안 심리 상담을 진행하며 이를 깊게 느꼈습니다.

- 자려고 누웠는데 문득 일 생각이 나면서 정신이 말짱해 진다.
- 고민과 불안이 끝도 없이 떠올라 잠이 달아나버린다.
- 싫어하는 사람이 갑자기 생각나는 바람에 짜증이 나서 잠을 이룰 수 없다.

실제로 상담실을 찾는 많은 분이 이런 고민을 털어놓습니다. 지금 이 책을 읽는 여러분 가운데도 같은 문제로 고민하는 사람이 있을지도 모릅니다. 몸에는 특별히 문제가 없는데, 일상생활에서 일이나 인간관계가 자꾸 삐거덕거려 걱정이 많아지면 잠도 푹 자지 못하는 경우도 있습니다.

세계보건기구(WHO)의 조사에 따르면 전 세계 인구의 약 10~30퍼센트가량이 만성적 불면에 시달린다고 하지요(한국의 경우 성인의 약 20퍼센트가 불면증에 시달리는 것으로 나타났다 - 옮긴이). 저는 지난 30년간 9만 명에 이르는 내담자들을 만나왔는데, 그들 대부분이 정신적인 문제와 함께 수면 문제를 겪고 있었습니다.

깊은 수면을 유도하는 무의식의 힘

저는 수면 전문가가 아니므로 의학적인 방법으로 내담자의 수면 문제를 해결하지는 않습니다. 대신 공인된 심리요법 중 하나인 '최면요법(현대 최면)'(밀턴 에릭슨이나 데이브 엘먼으로 대표되는 최면 방식으로, 전통 최면에서 벗어난 새로운 방식으로 심리적 문제를 해결한다-옮긴이)을 활용하면, 일상생활에서 쌓인 고민거리가 풀리고 신기하게 잠까지 푹 자게 됩니다. 무의식이 움직이면서 불안과 두려움이 사라져 자연히 편안한 상태가 되기 때문이지요.

마음이 복잡할 때는 다음과 같은 느낌을 상상해봅시다.

나는 물 위에 떠 있습니다.
힘을 주면 몸이 가라앉습니다.
힘을 빼면 부력으로 몸이 둥둥실 떠오릅니다.

우리는 걱정거리가 있을 때 어떻게든 빨리 해결하고 싶다는 생각에 온몸에 힘을 잔뜩 주곤 합니다. 물에 들어갔을 때 긴장해서 힘을 주면 꼬르륵 가라앉는 것과 마찬가지지요. 열심히 고민해서 문제를 해결해야겠다고 생각하면 골머리를 앓느라 오히려 잠들지 못합니다.

이처럼 생각의 사슬에 빠지는 버릇을 없애려면 물속에서 부력에 몸을 맡기듯이 '무의식의 힘'에 기대는 것이 중요합니다.

잠재된 힘, 무의식이란 무엇일까?

인간에게는 '의식'과 '무의식'이 있습니다. 사람들은 대개 이성적으로 판단해서 의식적으로 행동한다고 생각하지만, 실제로는 무의식중에 움직이고 행동하는 경우가 의외로 많습니다.

예를 들어, 자전거를 탈 때를 상상해보면 어떨까요? 자전거 타기가 익숙한 사람은 '넘어지면 안 돼, 넘어지면 안 돼……'라고 생각하며 페달을 밟지는 않습니다. 특별히 의식하지 않아도 자연스럽게 자전거를 몰 수 있지요. 무의식이 작용하기에 가능한 일입니다.

자전거를 막 배울 무렵에는 몇 번이고 넘어졌다 일어나기를 반복하며 연습합니다. 하지만 한번 자전거 타는 방법을 익히면 넘어지지 않겠다고 애써 마음먹지 않아도 페달을 밟으면서 자유롭게 자전거를 몰 수 있습니다.

자전거는 연습을 통해 어느 순간 자연스럽게 타는 법을 익히는 기술이지만, 숨을 쉬거나 눈을 깜빡이는 것처럼 태어날 때부터 무의식중에 하는 일도 있습니다. '수면'도 마찬가지입니다. 호흡이나 눈 깜빡임과 마찬가지로 "이제 자야겠다!" 하고 굳게 마음먹지 않아도 저절로 일어나는 일입니다.

말만 들었을 때는 쉬운 수면이 자꾸만 어려워지는 이유는 무엇일까요? 자기 전에 생각을 지나치게 많이 하면서 의식이 또렷하게 깨어 있기 때문입니다. 이러한 의식의 과도한 작용을 멈추고 무의식에 몸을 맡기면 깊이 잠들 수 있습니다.

이 책을 읽기만 해도 무의식이 움직인다

그럼 어떻게 무의식에 빠져들 수 있을까요?

이 책에서는 의식을 잠재우고 무의식을 활성화하는 방식으로 수면에 집중하게 합니다. '최면(催眠)'이라는 단어가 '잠이 들게 한다'라는 뜻이라는 것을 알고 있었나요? 즉, 잠에 스르륵 빠지게 함으로써 그 사람이 본래 가지고 있는 힘을 발휘하도록 돕는 것입니다. 운동선수들은 시합 전에 특정 동작을 루틴처럼 반복하기도 합니다. 이는 의식의 작용을 누르고 무의식에 몸을 맡겨 본래 자신이 가진 힘을 발휘하기 위함입니다.

정석대로 의식을 흐트러뜨려 무의식을 움직이기 위해서는 순서에 따라 세밀하게 진행해야 하기 때문에 시간이 제법 많이 걸립니다. 하지만 일반인이 그 방법을 사용하기는 어려우므로, 좀 더 쉽게 의식을 흐트러뜨리는 방법을 찾다가 '암시 문구'를 개발해 사용하기 시작했습니다. 그러자 짧은 시간에 금세 무의식으로 빠져들었습니다.

이 책에서 소개하는 '마법의 숙면 프레이즈'는 실제로 내담자에게 사용해서 효과를 발휘한 내용들입니다. 그 문장에는 의식을 흐트러뜨리는 '은유(메타포)'가 담겨 있어 머릿속으로 여러 번 반복해서 되뇌기만 해도 무의식을 활성화할 수 있지요.

무의식의 움직임이 활발해지면, 불안이나 두려움 같은 부정적인 느낌에서 벗어날 수 있을뿐더러 지금까지 우리를 괴롭히던 수면 문제도 거짓말처럼 사라져 숙면을 취할 수 있습니다. 무의식의 힘이 제대로 발휘되기만 하면 일상생활에서도 감추고 있던 힘이 자연스럽게 겉으로 드러나 숙면 효과 이외에 일과 인간관계도 원만해집니다.

이 책에는 읽기만 해도 잠이 오도록 본문 전체에 일종의 '장치'를 숨겨놓았습니다. 글 이곳저곳에 '암시 스크립트'가 흩어져 있어 읽다 보면 자기도 모르게 서서히 무의식 상태에 들어갑니다. 암시 스크립트란 쉽게 말해 '무의식을 자극하는 메시지가 담긴 이야기'입니다.

본문에서 주어가 갑자기 바뀌거나 과거와 현재가 뒤섞이는 듯한 표현을 써서 헷갈릴 수도 있지만, 의식을 흐트러뜨려 무의식의 세계로 들어가기 위해 일부러 선택한 표현임을 명심하세요. 암시 스크립트를 읽으면 의식적으로는 정리하기 어려웠던 정보도 무의식에 의해 쉽게 정리되어 편한 마음으로 잠을 청할 수 있습니다.

이 책에서는 쉽게 무의식에 집중할 수 있도록 어려운 전문용어는 되도록 사용하지 않았습니다. 과학적인 설명이 나오면 내용을 해석하느라 나도 모르게 의식을 사용하게 되므로 이 책에서는 어렵고 복잡한 이야기를 거의 다루지 않았습니다.

심리학에서 자주 사용하는 내러티브 테라피, 즉 이야기 치료 방식을 가져오기도 했습니다. 본문에 나오는 '혈당치', '염증', '스트레스 호르몬' 같은 말도 이야기 속 등장인물처럼 받아들이면 긴장을 풀고 재미있게 읽어 내려갈 수 있습니다.

이 책의 사용법

이 책을 처음부터 끝까지 읽으면 잠에 쉽게 빠지는 꿀팁을 얻을 수 있습니다. 다만 처음부터 끝까지 읽기가 어렵다면 각 장에서 읽기 쉬운 부분만 골라 읽어도 저절로 수면 스위치가 달칵 켜지니 부담을 내려놓읍시다.

1장에서는 몸과 마음의 긴장을 누그러뜨리기 위해 '사람들이 흔히 겪는 수면 문제'에 관한 이야기를 풀어냅니다. "맞아! 정말 그럴 때가 있지(Yes)!" 하는 반응을 이끌어내 심적으로 공감하게 하는 '예스 세트(Yes Set)'라는 방식으로 스위치를 작동시켜 무의식 상태로 유도하는 방법이지요. 1장의 내용을 천천히 읽다 보면 무의식이 서서히 움직이기 시작합니다.

2장에서 소개하는 '마법의 숙면 프레이즈'는 머릿속으로 되뇌기만 해도 문구 안에 담긴 은유가 깊은 잠을 유도해 무의식의 세계로 빠져들 수 있게 만들어줍니다. 생각이 너무 많아 지금 당장 고민을 멈추고 싶은 사람에게 특히 도움이 됩니다.

3장에서는 '의식을 역으로 이용하는 방법'을 소개합니다. 여기서는 '역설'이라는 기법을 활용합니다. 의식을 사용해 역으로 무의식이 작동하도록 만드는 원리이지요. "과연 암시만으로도 잠이 올까?" 하는 의문을 품은 사람 혹은 숫자를 세거나 눈에 보이는 것에 집중하는 데 능숙한 사람에게 추천하는 방식입니다. 3장을 읽으면 활발하게 움직이는 의식을 집중적으로 어지럽혀 무의식의 힘을 빌릴 수 있습니다.

그리고 4장에서 풀어내는 이야기들은 '무의식의 세계로 이끄는 암시 스크립트'로 이루어져 있습니다. 여기서 소개하는 '숙면으로 얻을 수 있는 효과(샘솟는 아이디어, 긴장 해소, 원만한 인간관계 등)'를 읽으면 삶이 더욱 단단해지면서 몸과 마음이 크게 성장할 수 있습니다.

마지막에 나오는 '읽기만 해도 꿀잠을 잘 수 있는 이야기'는 제목 그대로 읽기만 해도 쉽게 잠들 수 있는 암시 스크립트를 이야기 전체에 깔아두었습니다. 특히 자기 전에 이 부분을 읽으면 편안히 잠을 청할 수 있습니다.

이 책에는 아주 다양한 방법이 담겨 있어서 어떤 상황에 어떤 방법을 써야 할지 자칫 헷갈릴 수도 있습니다. 그럴 때는 책 마지막 부분에 '마법의 숙면 프레이즈'와 '의식을 역으로 이용해 잠드는 방법'을 별도로 정리해두었으니 쓱 훑어보고 관심이 생기는 방법이 있다면 시도해봅시다.

저절로 잠드는 세계로

예전에 정신과 의사로 일하는 친구에게 "네 책은 항상 침대 옆에 놓여 있어."라는 말을 들은 적이 있습니다.

"늘 곁에 두고 읽을 정도라고?" 하고 기뻐했더니 이렇게 말했습니다.

"아니, 읽으려고만 하면 잠들어버리니까 침대 옆을 떠나지 못하는 거야."

그때는 책이 재미없는 줄 알고 뒤통수를 한 대 맞은 듯이 충격을 받았지만, 나중에야 비로소 깨달았습니다.

"아! 암시 스크립트 덕에 쉽게 잠이 오는구나!"

이 책도 마찬가지입니다. 애써 끝까지 다 읽으려고 했는데 어느새 잠들어버리는 일이 생길지도 모릅니다. 완전히 잠들지는 않더라도 책을 읽는 사이에 무의식이 틈틈이 힘을 발휘해서 수면의 질이 좋아질 수도 있습니다.

저도 한때는 쉽게 잠들지 못했지만, 지금은 거의 매일 숙면을 취합니다. 무의식을 다스리는 법을 깨달았기 때문이지요. 혼자서 어떻게든 해결해야 한다는 생각으로 불안과 걱정을 손에 꼭 쥐고 있기보다는 모두 내려놓고 무의식에 맡겨봅시다. 그러면 무의식과 의식이 균형을 이루어 잠의 세계뿐만 아니라 깨어 있는 시간에도 불안에서 완전히 벗어나 자유로운 삶의 기쁨을 만끽할 수 있으니까요.

여러분 모두가 이 책을 통해 그런 세상을 만날 수 있기를 마음 깊이 바랍니다.

2장

잠이 솔솔 오는
마법의 숙면 프레이즈

3장

의식을 역으로 이용해
잠재력을 끌어올리는 방법

1장
___

너무나 자고 싶은데
왜 머리가
점점 맑아질까?

숙면을 방해하는 첫 번째 적!
꼬리에 꼬리를 무는 생각들

왜 낮에 있었던 일이 계속 떠오를까?

"빨리 자야 한다고는 생각하는데, 눈을 감은 순간 안 좋았던 일이나 불안한 일이 떠올라 잠이 깨요."

이불 속에서 낮에 있었던 불쾌한 일을 떠올리는 바람에 머리가 팽팽 돌아가 잠을 이루지 못하는 경험. 실제로 많은 사람이 이런 일을 겪습니다.

저도 생각이 너무 많아서 잠 못 이루던 시기가 있었습니다. 이번 장에서는 저의 경험을 중심으로 이야기를 풀어나가려 합니다. 여러분도 그런 경험이 있다면 긴장을 풀고 힘을 뺀 채 공감하며 읽어보세요. 1장을 읽고 난 다음 2장 '마법의 숙면 프레이즈'나 3장 '의식을 역으로 이용하는 방법'을 읽으면 더 큰 효과를 발휘합니다. 몸도 마음도 편안한 상태에서 다음 글을 천천히 읽어봅시다.

얼마 전 회사에서 기분 나쁜 일이 있었습니다. 회의에서 의견을 냈다가 평소에는 제 일에 아무런 관심도 없어 보이던 직원이 괜한 트집을 잡아서 분위기가 단박에 흐려졌지요. 자려고 눕자 그때의 광경이 생생하게 되살아납니다.

'그 사람은 왜 다른 사람들 앞에서 나한테 면박을 주었을까?'

이런 언짢은 기분으로는 잘 수 없다는 생각이 들어 머리를 비우기 위해 유튜브에 들어가 동영상을 시청합니다. 그 사람 때문에 자는 시간까지 허비하고 있다고 생각하면서도 영상을 끄지 못합니다. 원래는 밤 12시 전에 자려고 했지만, 어느새 새벽 두 시가 넘어버렸습니다.

낮에 그 사람이 한 기분 나쁜 말을 곰곰이 떠올려봅니다. 어쩌면 다른 사람들은 그렇게까지 신경 쓸 일이 아니라고 생각해서 고개를 갸웃할지도 모릅니다.

　다른 사람은 아무렇지도 않은데 혼자 속앓이하고 있다고 생각하면 내 자신이 한심하기도 하면서 '내가 얼마나 힘든지 아무도 몰라.'라는 마음도 함께 커집니다. 그러면서 생각을 하지 않기 위해 점점 더 동영상이나 게임에 몰두하고 싶어지고요.

　정신적으로 얼마나 타격을 입었는지 아무도 나를 이해하지 못하는 것 같다는 생각이 듭니다. 스스로 스트레스를 통제할 수밖에 없다는 생각이 더 강해지면서 의미 없는 영상을 더욱 끊을 수 없습니다. 게다가 빨리 잠들지 않으면 내일 힘들어진다고 초조해할수록 내 실수로 누군가를 실망시켰던 과거의 일까지 꼬리에 꼬리를 물고 떠올라 점점 더 잠이 달아납니다.

책임감이 강할수록 숙면이 어렵다

　어느 날 정신과 선생님에게 이런 말을 듣고 큰 충격을 받았습니다.

　"당신이 잠을 깊게 못 자는 이유는 책임감이 너무 강하기 때문이에요."

오히려 그 반대로 내가 너무 야무지지 못해서 그런 게 아니고? 책임감 있는 사람이라면 싫은 소리 따위는 가볍게 흘려버리고 일에만 몰두한 다음 상쾌한 기분으로 숙면을 취하지 않을까?

그러자 선생님은 이렇게 말했습니다.

"일을 완벽하게 해내야 한다는 과도한 책임감이 큰 부담이 되고 있을지도 몰라요. 그 때문에 정작 해야 할 일을 시작할 의욕이 사라지지는 않았나요?"

선생님의 말을 들으니 짚이는 데가 있었습니다. 완벽하게 해야 한다고 생각하는 일일수록 뒤로 미루면서, 늘 중요하지 않은 사람이 부탁한 중요하지 않은 일은 바로 시작해서 끝내버렸으니까요.

과도한 책임감이 압박이 되어 해야 할 일을 제때 하지 못하고, 책임져야 한다는 마음에 부담감만 커지면서, 점점 더 생각이 복잡해져 잠을 이루지 못하는 악순환이 반복된 것입니다. 선생님의 말을 들으니 정말 그런 것 같았습니다.

하지만 아직 완전히 이해되지는 않아서 이렇게 되물었습니다.

"선생님, 저 같은 경우는 책임감이 있다기보다는 남 탓만 하느라 이런저런 생각이 머릿속을 맴도는 것 같아요. 그건 제가 무책임하다는 뜻 아닐까요?"

선생님은 제 질문에 웃으며 대답했습니다.

"상대방의 불쾌한 감정까지 본인이 책임지려 한다고 생각하지는 않나요? 다른 사람의 분노와 언짢은 기분은 당신 몫이 아니에요. 그런데 상대방이 화를 내거나 짜증을 부리면 괜히 나 때문은 아닐까 고민하며 자기 책임으로 돌리니 다른 사람의 기분을 파악하느라 잠을 이루지 못하는 거죠. 자꾸 다른 사람을 탓하는 것도 '나 혼자 다 책임지고 있는데 아무도 알아주지 않는다.'라는 마음의 발로일지 몰라요."

선생님의 말을 들으니 회사에서 늘 외롭다고 느낀 이유를 찾은 듯해 납득이 되었습니다.

상대방의 감정까지 책임질 필요는 없다

밤이 되어 잠을 청하려고 눈을 감자 또다시 나를 불쾌하게 만드는 사람이 머릿속에 떠올랐습니다. 나를 무시했던 상황이 떠올라 화가 끓어오르자 정신이 점점 또렷해졌습니다.

그때 '상대방의 불쾌한 감정까지 책임지려 한다.'라는 선생님의 말이 떠올랐습니다. 아, 역시나 나는 그 사람의 감정을 책임지려 하는구나. 그렇게 생각하니 신기하게도 그 사람이 머릿속에서 차츰 사라졌습니다.

싫은 사람이 사라지자 이번에는 맡은 일을 일정대로 처리할 수 있을까 하는 불안이 머릿속을 가득 채웠습니다. 아직 마무리하지 못한 채 산더미같이 쌓인 일을 하나둘씩 되짚어보다가 '아! 이게 바로 책임감이 강하다는 말이구나! 정말 그랬네!' 하고 나의 내면을 돌아보게 되었습니다.

책임감이 있는 사람은 훌륭한 사람입니다. 자기 자신을 지나치게 몰아붙이는 이유도 바로 그 때문이지요. 회사나 주변에서는 이런 모습을 높이 사서 어려운 일을 맡기기도 합니다.

누군가에게 무시당한 기억, 자기 직전까지 떠오르는 업무에 대한 부담이 있다면 자기 자신을 책임감이 강한 대단한 사람이라고 인정해줍시다. 그러면 복잡하고 어지러운 생각은 어느새 머릿속에서 물러납니다.

책임감이 물러난 자리는 일도 걱정거리도 떠오르지 않는 텅 빈 상태가 되어 저는 어느새 깊은 잠에 빠져들었습니다.

잠든 사이 기억을 정리해주는
무의식

'불면'은 '의식이 풀가동된 상태'

책임감 때문에 자책하느라 잠을 이루지 못하는 것은 의식이 지나치게 활성화된 상태입니다. '잠을 자지 못하는' 것은 쉽게 말해 의식이 풀가동되었다는 의미지요. 따라서 의식의 지나친 흐름을 '암시'로 멈춘 다음 무의식에 몸을 맡기면 깊은 잠을 잘 수 있습니다.

앞서 소개한 저의 사례에서는 '스스로 어떻게든 해결해야 한다.'는 의식의 과도한 움직임을 '나는 책임감이 너무 강하다.'라는 말로 부정함으로써 무의식이 활발히 움직이도록 유도했습니다.

의식과 무의식은 모두 우리가 세상을 살아가는 데 아주 중요한 역할을 합니다. 의식이 작용하는 상태에서는 자신을 둘러싼 사물과 사건을 인식할 수 있지요. 인간은 의식이 작용하기 때문에 상식적으로 살아갈(행동할) 수 있다는 뜻입니다. 한편 무의식이 작용하는 상태란 힘을 빼고 자연스럽게 살아가는 상황을 말합니다.

무의식은 우리가 의식하지 못하는 곳에서 힘을 발휘하며 몸과 마음의 균형을 잡아줍니다. 예를 들어, 호흡은 의식하지 않아도 무의식의 작용에 따라 자연스럽게 이루어집니다. 흥분하면 호흡이 빨라지면서 뇌와 근육이 산소를 듬뿍 흡수하도록 돕지요. 무의식은 상황에 맞게 심박수도 조절해서 산소와 영양을 품은 혈액이 몸을 원활하게 순환할 수 있도록 돕습니다.

이처럼 무의식은 의식의 힘이 미치지 않는 곳에서 우리 몸에 보이지 않는 힘을 보태줍니다.

나쁜 기억은 무의식에 맡기자

잠을 자는 동안에는 의식의 활동이 둔해지고 반대로 무의식이 활발해집니다.

어린 시절을 떠올려봅시다. 부모님께 야단맞거나 친구들과 싸워 울면서 집에 돌아와도 하룻밤 자고 일어나면 언제 그랬냐는 듯 머릿속이 맑아지고 기분이 상쾌해지곤 했지요. 여러분도 그런 경험이 있을지 모릅니다.

아침에 눈을 떴을 때 마음에 맺혀 있던 먹구름이 말끔히 걷히는 이유는 뒤죽박죽 뒤섞여 정리되지 않았던 기억과 감정을 자는 동안 무의식이 정돈해주기 때문입니다. 보통 "한숨 자고 일어나면 다 잊어버릴 수 있어."라고 표현하지만, 실제로는 잊는 것이 아니라 무의식이 기억을 정리해주는 것입니다.

방 안이 어수선하면 기분이 좋지 않듯이 기억이 어지럽고 복잡하면 불쾌한 기분이 들기 마련입니다. 하지만 기억이 정돈되면 마음이 한결 가벼워지지요. 무의식이 정리해준 기억은 이후 점차 미화되면서 부정적인 감정을 희미하게 만들어줍니다. 아무리 어려운 일이 있어도 시간이 지나면 "그땐 참 힘들었지만 그래도 잘 버텼지." 하고 지난날을 추억할 수 있는 이유입니다.

숨 쉬는 것과 마찬가지로 기억을 정리하는 일도 무의식에 맡기면 되지만, 속상한 마음을 스스로 해결하려고 고민하면서 나쁜 기억을 억지로 지우려 들면 오히려 괴로움이 더해져 잠을 이루지 못합니다.

이처럼 인간관계 때문에 마음이 불편할 때도 '기억은 무의식이 알아서 처리하도록 맡기자!'라는 마음으로 잠자리에 들면 됩니다. 며칠만 지나면 그런 일로 끙끙 앓았다는 사실이 이상하게 느껴질 만큼 불편한 마음을 말끔히 털어낼 수 있으니까요.

그럼에도 여전히 버릇처럼 다른 사람이 한 말과 행동을 곱씹으며 의식적으로 기억을 정리하려고 애씁니다. 그러다 보니 나쁜 기억을 제대로 다스리지 못해 잠이 달아나 버리지요.

잠재 기억에서 끄집어낸 해결책

속상한 일이 있을 때 스스로 어떻게든 해결하지 않으면 성에 차지 않는 사람도 있습니다. 그러다 보면 그날의 상처뿐 아니라 과거의 쓸쓸한 기억까지 끄집어내고, 결국 머릿속이 온갖 어두운 기억으로 엉망이 되어 잠을 이루지 못합니다.

자책하는 마음도 실은 그저 '기억'에 불과합니다. '왜 나는 계속 같은 잘못을 반복할까?'라고 생각하며 실수에 대한 기억을 무심코 정리하려 애쓰곤 하는 데서 비롯됩니다. 그러다 보면 과거에 저질렀던 똑같은 실수까지 끝없이 들추어 머릿속이 점점 어수선해지고 기분이 가라앉습니다. 그러니 우선 푹 자면서 기억을 무의식에 맡기면 그만이지요.

무의식은 과거에 자신이 경험한 수많은 실수와 오늘 겪은 일을 비교하고 정리해줍니다. 하지만 이러한 작업을 의식적으로 해내기는 어렵지요. 머리로는 실수에 대해 반성하고 과거의 비슷한 실수를 복기하면서 정리하려고 해도 결국 하룻밤으로는 어림도 없다는 깨달음과 함께 아침을 맞이하게 됩니다. 벽장에서 정리할 물건을 꺼내다 보니 점점 더 수북하게 쌓여서 수습이 불가능해진 방과 같은 상태이지요.

특히 인간관계에 문제가 생겼을 때는 기억에 섣불리 손을 대지 말고 일단 잠을 청해봅시다. 그러면 아침에 눈을 떴을 때 생각이 말끔히 정리되어 있을 것입니다. '어쩌면 나도 잘못했을지도 몰라……' 하고 어제는 미처 생각하지 못했던 부분이 떠오르기도 합니다.

맡은 일을 제대로 해내지 못했을 때도 마찬가지입니다. 그런 경험을 무의식이 먼저 정리할 수 있도록 제때 잠자리에 들면 아주 신기한 일이 일어납니다. 어제는 하지 못한 일을 오늘은 아무렇지 않게 해내기도 하지요. 무의식 속에서 과거에 경험한 수많은 시행착오를 통해 기억의 조각을 맞춰 알맞은 해결책을 찾아내기 때문입니다.

무의식이 알려준 '타인과의 적정 거리'

물론 잠을 자고 일어나도 속상한 기분이 모두 사라지지 않을 때도 있습니다. 하지만 아침에 눈을 떴을 때 여전히 마음이 불편하다면, 무의식이 지금 자신에게 꼭 필요한 기분이라고 판단해서 일부러 남겨두었다고 생각하면 됩니다.

한번은 상사에게 싫은 소리를 듣고 그날 밤까지 계속 기분이 나빴던 적이 있습니다. 일단 자면서 정리해보자는 생각으로 잠자리에 들었는데, 다음 날 아침이 되어도 마음이 여전히 불편했지요.

"회사에서 그 사람을 마주치고 싶지 않은데……."

왜 어제의 기억과 감정이 제대로 정리되지 않았는지 의아해하며 회사에 가니 상사가 여는 때와는 달리 부드러운 태도로 같이 점심을 먹으러 가자고 권했습니다. 평소 같았다면 먼저 화해를 청한 것일지도 모른다고 생각하며 상사의 말에 따랐겠지만, 아침부터 느낀 불편한 기분 탓에 용기를 내서 괜찮다며 거절했습니다.

그 후 오히려 상사와 적절한 거리를 유지할 수 있게 되었고, 신기하게 화풀이 대상이 되는 일도 없어졌습니다. 이처럼 무의식은 어떤 상황을 슬기롭게 처리할 수 있는 감정을 남겨두었다가 제게 힘을 보태주기도 합니다.

수면 중에
채우는 안정감

졸리면 어린아이가 된다

친구가 다섯 살 난 아들을 데리고 저희 집에 식사를 하러 온 적이 있습니다. 아이는 식사하는 내내 얌전하고 의젓했는데, 밤 9시가 넘어가자 별안간 "싫어! 집에 가자!" 하고 보채기 시작했습니다.

'어? 방금 전까지 기분 좋게 웃고 있지 않았나?' 갑작스러운 변화에 놀라는 사이 아이는 점점 더 떼를 쓰며 울기 시작하다가 잠시 후 엄마 품에 안겨 곤히 잠들었습니다. 아이의 모습을 보고

'갑자기 졸음이 몰려와서 아이가 아기 때로 돌아가버렸구나.' 하는 사실을 알아차렸습니다.

어린아이는 졸음이 몰려오면 갑자기 울음을 터뜨리고, 부모가 품에 안아 부드럽게 얼러주면 그제야 잠이 들지요. 잘 시간이 다가오자 다섯 살 남자아이가 한두 살짜리 아기로 돌아간 듯 울며 칭얼대는 광경을 보았을 때 문득 깨달았습니다.

"혹시 나도 잠들기 전 어린 시절로 돌아가는 건 아닐까?"

나를 지키고 싶다는 본능

잠이 올 때 괜스레 이것도 귀찮고 저것도 피곤한 기분이 들고 다섯 살 어린아이처럼 "다 싫어!"라고 외치고 싶은 마음이 불쑥 솟는다면, '불쾌한 상황으로부터 누군가 나를 지켜주기를 바라는 마음'에 아기 때로 퇴행한 것입니다. 아기 때처럼 누군가 폭 안아서 달래주는 듯한 '안정감'을 찾는 것이지요.

아기는 배가 고프면 울음을 터뜨리지만, 밥을 배불리 먹고 나면 마음 놓고 새근새근 잠이 듭니다. 아기가 배고프다고 보챌 때는 혈당치가 낮아서 불편함을 느끼는 것입니다. 그럴 때는 모유든 분유든 충분히 먹고 나면 혈당이 안정되어 편하게 잠들 수 있지요.

배고픔이 충족되지 않으면 아기는 울다 지쳐 잠이 듭니다. 눈물을 흘리면 스트레스 호르몬인 카테콜아민이 분비되는데, 이는 당과 유사하게 혈당을 높이는 작용을 합니다. 몸에서 부족해진 혈당치를 스트레스 호르몬으로 끌어 올려 잠을 잘 수 있게 되는 원리이지요. 밥을 먹지 못해도 눈물을 흘리면 비슷한 안정감을 얻을 수 있으니 아이는 울음을 터뜨리는 것입니다.

다시 말해 스트레스 호르몬이 분비되면 잠이 옵니다. 그러므로 잠자리에 들었을 때 온갖 부정적인 생각이 끊이지 않는 사람은 자기도 모르게 부모의 세심한 보살핌을 받던 어린 시절의 안정감을 갈망하고 있는지도 모릅니다. 저 역시 자꾸만 부정적인 생각을 떠올리는 이유가 '아무도 나를 돌봐주지 않으니 스스로 자신을 지켜야 한다.'고 생각했기 때문이었습니다.

저는 영유아기 시절 부모님이 맞벌이로 바쁘셔서 집을 자주 비운 터라 무언가 마음에 들지 않으면 자주 울었다고 합니다. 그

때 '아무리 울어도 부모님은 오지 않는다'는 생각이 무의식중에 자리 잡았는지도 모릅니다.

하지만 이런 과거의 부정적인 기억을 잠재우고 무의식에 기댈 수 있다면 성인이 되었을 때 얼마든지 새근새근 숙면을 취할 수 있습니다. 무의식은 부모님에게 충분히 받지 못했던 안정감까지도 기꺼이 내줍니다. 내가 진심으로 바라는 것은 '내가 아무리 못난 사람이어도 나를 사랑하는 사람은 나를 변함없이 지켜준다.'라는 위안입니다. '착하고 책임감 있는 아이여서 보살펴준다.'는 조건 같은 것은 없지요.

의식을 잠재우면 무의식은 언제든, 내가 어떤 사람이든, 든든히 곁을 지켜줍니다. 내가 정말로 원한 것은 무의식 속에 있었습니다. 의식이 눈을 뜨고 있을 때는 나의 안 좋은 모습들 때문에 불안함을 느껴서 아무리 오래 누워 있어도 잠을 이루지 못했습니다. 하지만 의식을 잠재우고 무의식의 힘에 기대어보니 아무것도 없는 본연의 내 모습마저 부드럽게 감싸주는 포근함, 어린 시절에 충족되지 못했던 안정감이 느껴졌습니다.

스스로를 괴롭히는 재료를 버릴 것

의식의 스위치를 내리고 무의식에 의지해보니 잠을 이루지 못했던 시기에 저는 부모님의 품과 비슷한 편안함과 포근함을 얻기 위해 열심히 '부정적 재료를 마련'하고 있었다는 생각이 듭니다. 무슨 일이든 이성적으로 판단해서 행동한다고 여겼지만, 실제로는 무엇 하나 마음만큼 움직여주지 않아 불만과 불안으로 가득했지요.

하지만 그건 어린아이처럼 "다 엉망이야! 싫어!"라는 답답한 기분에 휩싸여 스트레스 호르몬 분비를 촉진하고 혈당치를 안정시키기 위함이었습니다. 제대로 되는 일이 없다고 한탄하고 슬퍼하다 지치면, 어린 시절 배고픔에 지쳐 울음을 터뜨렸을 때처럼 그제야 잠에 빠질 수 있으니까요. 이처럼 다른 듯 비슷한 안정감을 손에 넣기 위해 일부러 '스스로를 괴롭히는 재료'를 찾아 헤맨 듯합니다.

더 재미있는 사실은 열심히 하는데 제대로 되는 일이 없다는 상황을 무엇이든 밤에 잠을 청하기 위한 재료로 사용했다는 점입니다. 아무도 나를 보살펴주지 않는다는 갓난아이 시절의 설움을 재현하기 위해 저도 모르게 사람들과의 관계에서 고립되는 상황을 만들고 있었습니다. 일과 인간관계 때문에 좌절하고 일부러 모두에게 외면받는 상황을 만들어서 어두운 밤 홀로 외로움을 느끼며 슬퍼하기 위한 재료로 삼은 셈이지요.

당연하게도 저는 스스로 외로움을 즐긴다는 사실을 전혀 의식하지 못했습니다. 나는 좋은 사람이며 책임감을 가지고 남들보다 더욱 신중하게 노력을 기울인다는 자부심마저 있었습니다. "난 강인함 빼면 시체지!" 하는 긍지까지 느낄 정도로요. 하지만 그 강인함 때문에 스스로를 몰아붙이는 재료가 늘어났다는 사실이 어느 순간부터 눈에 들어오기 시작했습니다. 끈덕지고 모질다 못해 다른 사람에게도 불필요한 말을 해서 인간관계가 삐거덕거렸던 경험 또한 사실은 모두 안심하고 잠들기 위한 재료였습니다.

있는 그대로도 사랑받을 수 있다

심한 스트레스를 받으면 좀 더 쉽게 잠에 빠질 수 있습니다. 하지만 되도록이면 스트레스 없이 편안히 잠드는 것이 훨씬 바람직하지요. 의식을 잠재우고 무의식의 힘에 기대는 습관을 만들면, 자기 전에 억지로 자신의 신세를 한탄하고 슬퍼하며 잠을 청할 필요가 없어집니다. 그저 편안한 마음으로 몸과 마음을 맡기기만 해도 기억이 조용하게 정리되지요. 무의식은 내가 어떤 모습이라도 받아들이고 도움의 손길을 내밀어주므로 무의식에 기대면 부모님이 보살펴주는 느낌을 받으며 평온히 잠들 수 있습니다.

무엇보다도 아침에 눈을 떴을 때 마음이 편안해 아등바등하지 않게 됩니다. 악착같이 부정적인 생각을 떠올릴 필요 없이 그저 담담하게 생활하기만 해도 일과 인간관계가 순조로워집니다. 그때 비로소 내가 지금껏 밤마다 슬퍼할 재료를 열심히 만들고 있었다는 사실을 깨닫게 됩니다.

더불어 따스하게 보듬어주는 안정감이 없어서 지금까지 이토록 애썼다며 스스로를 이해해줄 수도 있고요. 무의식이 안겨주는 안정감 속에서 생활하다 보면 깜짝 놀라게 됩니다.

"노력하지 않아도 이렇게 모든 일이 술술 풀리다니!"

자는 동안 무의식이 기억을 정돈해준 덕에 과거의 경험을 적절히 활용할 수 있고 새로운 아이디어도 퐁퐁 샘솟지요. 이런 과정에서 인간관계도 원만해져서 자신이 있는 그대로도 충분히 사랑받을 수 있는 사람임을 깨닫게 됩니다.

얼마 전까지만 해도 저는 누군가에게 인정받기 위해 있는 힘껏 애쓰다가 오히려 주변 사람에게 쓸데없는 말을 하고, 아무도 나를 좋아하지 않는다고 속상해하기도 했지요. 어떻게든 잠들기 위해 열심히 슬퍼하고 실컷 울다 지치는 나날을 계속 되풀이해온 탓에 이렇게 아등바등해야만 사랑받을 수 있다고 줄곧 믿었습니다.

하지만 마음을 편히 가지고 의식을 희미하게 만들자 저의 세계가 다른 색을 띠기 시작했고 모든 것이 자연스럽고 아름다워졌습니다. 그 아름다움을 엿본 순간, 열심히 슬퍼하며 잠드는 밤이 아니라 모든 것을 내려놓고 평온히 잠드는 밤을 맞이하게 되지요.

모든 일이 술술 풀리는
무의식의 마법

아이디어가 저절로 떠오른다

지금까지 살펴본 것처럼 무의식은 언제나 우리에게 많은 도움을 줍니다. 잠든 사이 기억을 가지런히 정돈해주는 한편, 새로운 아이디어가 필요하다고 생각하며 잠자리에 들면 나도 모르게 좋은 아이디어가 떠오르기도 합니다.

무의식이 아이디어를 전달하는 원리는 간단합니다. 낮 동안 우리가 보고 듣고 느끼며 얻은 정보를 기억의 서랍에 가지런히 정리해두었다가 가장 좋은 상태로 재구성해주는 것이지요. 마치

요리를 할 때와 비슷합니다.

요리할 때는 냉장고에 쌓인 재료를 필요한 만큼 꺼내서 먹기 좋은 크기로 자른 다음 볶고 찌고 끓이지요. 재료를 알맞은 양, 올바른 순서, 적당한 시간에 따라 조리하면 맛있는 요리가 완성됩니다. 이처럼 지식이나 과거에 경험한 기억, 여기에 자기도 모르는 사이에 수집한 정보를 재료 삼아 알맞은 순서대로 정리하면 맛있는 요리가 완성되듯 훌륭한 아이디어가 떠오릅니다.

아무리 머리를 쥐어짜도 좋은 아이디어가 나오지 않는다면 지금 하고 있는 일을 과감히 내려놓고 잠자리에 들어봅시다. 그러면 아침에 눈을 떴을 때 혹은 다음 날 일을 하던 중에 "어? 이거 괜찮은데!" 싶은 아이디어가 솟아납니다.

저도 도무지 아이디어가 떠오르지 않을 때는 무의식에 맡기자는 생각으로 잠을 청하곤 합니다. 그러면 가끔은 꿈속에서 바로 이거다 싶은 아이디어를 금세 찾아내기도 합니다. 막 잠에서 깼을 때는 "어? 방금 어떤 아이디어가 떠올랐더라?" 하고 깜빡 잊어버리더라도 나중에 일을 하다가 다시 번뜩 떠오르니 무의식이 훌륭히 힘을 발휘하고 있음을 알 수 있지요.

잠이 얼마나 중요한지 새삼 실감할 수 있겠죠?

인간관계도 '자율주행'으로 매끄럽게

저는 지난 수십 년간 누구보다 열심히 다른 사람의 기분을 파악하고 인간관계를 원만하게 하는 방법을 공부해왔습니다. 그럼에도 불필요한 한마디로 타인의 기분을 상하게 하거나 분위기를 흐리는 일이 종종 생겨서 인간관계에 대한 고민이 끊이지 않았습니다.

"다른 사람들은 화기애애하게 잘만 지내는데, 나는 왜 그게 잘 안 될까?"

다른 사람을 배려하기 위해 남들보다 곱절로 노력하는데도 매번 문제를 일으킨다는 생각이 들고 인간관계를 원만히 지속하지 못했습니다. 기회가 있을 때마다 제대로 해보겠다며 세심히 주의를 기울여도 예상치 못한 방향에서 문제가 터져 결국 또다시 실망하며 거리를 두게 되었지요.

그런 제가 무의식에 몸을 맡기고 나서 인간관계에 재미를 붙였습니다. 이제 새로운 환경에서 주변 사람이 신경 쓰이기 시작하면 고민하지 말고 내려놓자는 생각으로 잠을 청합니다. 그러면 지금까지 인간관계에 대해 공부하며 얻은 지식과 경험을 바탕으로 생각이 정리됩니다. 그러고 나면 눈을 떴을 때 자동차의 자율주행 모드처럼 주변 사람의 기분을 지나치게 신경 쓰지 않고 담담하게 행동할 수 있습니다.

주변 사람에게 뭔가 큰 도움이 되지 않으면 나는 쓸모 없는 사람이 된다는 생각에 일을 할 때도 사람을 만날 때도 늘 지나치게 애를 썼습니다. 하지만 잠든 동안 정돈된 머릿속에서는 '복잡하게 생각하지 않고 편안한 마음으로 일에만 집중해도 되는구나.' 하는 생각이 들어 지나치게 매달리지 않게 되지요.

그러다 보니 주변 사람들과 적당히 도움을 주고받을 수 있게 되고 인간관계란 그리 복잡한 일이 아니라는 믿음도 생깁니다. 무의식에 모두 맡기고 편히 잠들면 누구나 그런 경험을 할 수 있습니다.

잠이 솔솔 오는
마법의 숙면 프레이즈

무의식으로 빠지는
'마법의 숙면 프레이즈'란?

의식에서 멀어지면 무의식이 가까워진다

2장에서는 머릿속으로 되뇌기만 해도 깊이 잠들 수 있는 '마법의 숙면 프레이즈'를 소개합니다. 아무리 마음이 불안하고 불평불만이 가득하더라도 여기서 소개하는 문구를 반복해서 떠올리면 무의식이 활발히 움직이며 불쾌한 감정이 사라집니다. 그렇게 스트레스가 사라지면 스르르 잠들 수 있지요.

1장을 읽고 나서 이런 생각이 들었을지도 모릅니다.

'원리는 대충 알겠지만, 이렇게 속상한데 어떤 사람이 푹 잘 수

있겠어.'

하지만 그런 생각이야말로 '의식의 힘'이 강하게 작용하고 있다는 증거입니다. 숙면을 취하면 나쁜 감정이 사라진다는 사실을 알면서도 의식을 계속해서 붙잡고 있기 때문에 결국 잠을 이루지 못하리라 여기는 것이지요. 사람들은 흔히 "알고는 있지만 그만두기가 힘들다."라고 말합니다. 결국 이 생각 때문에 무의식이 끼어들 틈이 사라지게 됩니다. 이를테면 "코끼리는 생각하지마."라는 말이 오히려 코끼리를 떠오르게 하는 방해물이 되는 것과 같은 이치입니다.

잘 안다고, 이해한다고 생각하는 것은 의식입니다. 실은 스스로 의식의 힘을 부정하고 무의식에 맡겨야 숙면을 취할 수 있다는 사실을 잘 알고 있지요. 하지만 그건 다 아는 사실이라고 자꾸만 생각하다 보면 무의식에 빠질 수 없게 됩니다.

그런 사람에게는 2장에서 소개하는 마법의 숙면 프레이즈가 특히 도움이 됩니다. 이 문구들은 의식에 약간의 혼란을 불러일으킵니다. 그래서 읽으면서도 무슨 뜻인지 '알쏭달쏭 알 듯 말 듯' 하면서도 '잘은 모르겠지만 왠지 알 것도 같은' 느낌 때문에 의식의 힘이 약해지지요. 그 덕분에 반대로 무의식이 활발히 움직이면서 우리를 포근한 잠의 세계로 이끌어줍니다. 짧은 문구를 외워서 머릿속으로 되뇌기만 하면 숙면 스위치가 달칵 켜지면서 깊은 잠에 빠질 수 있습니다.

이처럼 재미있고 효과적인 마법의 숙면 프레이즈를 지금부터 하나하나 소개해보려 합니다. 이것만 되뇌도 효과가 있지만, 각각의 에피소드를 함께 읽으면 좀 더 쉽게 깊은 잠에 빠질 수 있으니 편안한 마음으로 읽어봅시다.

다른 사람의 평가가 신경 쓰일 때

"나와 뜻이 맞는 사람은 반드시 있다"

"저 사람이 내 말을 오해하면 어쩌지?" 하고 걱정하는 사람에게 특히 효과적인 말이다. 그런 사람은 대화할 때 늘 한마디 한마디 말을 신중하게 고르지만, 그럴수록 자신의 의도가 상대방에게 제대로 닿지 않는다고 생각하며 스트레스를 받는다. 그러다 보면 마음을 말로 표현하기가 점점 더 어려워지고 다른 사람에게 의도가 잘 전해지지도 않는다.

이 프레이즈는 어떤 말을 하든 상대방에게 또렷이 전달되는 무적의 한마디다. 문구를 외면 '다른 사람의 기분을 일일이 신경 쓰지 말고 자신의 입에서 나오는 말을 믿으면 된다.'는 용기가 솟아난다. 문구를 많이 되뇔수록 그동안 쌓인 스트레스가 사라지고 신비로운 잠의 세계로 빠져든다.

다른 사람과 많은 대화를 나누고 집에 돌아오면 언제나 "내가 한 말을 그 사람이 오해하면 어쩌지?" 하고 걱정하느라 골머리를 앓다가 잠을 이루지 못하는 분이 있습니다. 도움이 되고 싶어서 조언할 때도 상대방이 조금이나마 언짢은 듯한 태도를 보이면 내가 너무 잘난 척했나 싶어 걱정에 빠집니다.

이분은 자신의 지식을 뽐내거나 상대보다 더 잘나 보이기를 바라지 않습니다. 오히려 상대방의 체면을 세워주고 그 사람이 오해하지 않도록 늘 신중하게 말을 고르지요. 그럼에도 상대방의 사소한 반응 하나에 왠지 자신의 뜻을 오해한 것 같다는 생각이 자꾸만 듭니다.

'내 말을 오해해서 아까 그런 대답을 했을지도 몰라.'

한번 그런 생각이 들기 시작하면 좀처럼 잠들지 못하고, 어찌어찌 잠에 빠져도 부정적인 감정이 쫓아와 악몽에 시달리느라 눈을 떴을 때도 기분이 좋지 않습니다. 그래서 더 조심스럽게 말해야겠다고 생각했지만, 그럴수록 마음이 움츠러들어 점점 더 오해할 말만 하게 되는 것 같습니다. 결국 혼자 마음이 상해서 밤마다 고민하느라 잠을 이루지 못하는 나날이 끊임없이 반복되었습니다.

어느 날 이분은 상담 전문가에게 '나와 뜻이 맞는 사람은 반드시 있다.'라는 말을 배웠습니다. 자기 전에 이 말을 되뇌면 마음이 차분히 가라앉아 편안히 잠을 청할 수 있다고 했지요.

처음 구절을 되뇌었을 때는 이런 말을 아무리 읊어도 현실에서 달라지는 건 없다고 생각했습니다. 자신과 뜻이 맞는 사람 따위 있을 리 없다고 마음속으로 반박하다가 문득 깨달았습니다.

'나는 지금까지 나만큼 다른 사람의 마음을 헤아리고 배려하는 사람은 없다고 생각했구나.'

그러면서 꾸준히 숙면 프레이즈를 외는 사이에 남을 배려하는 사람은 자신 말고도 얼마든지 있으리라는 생각이 들기 시작했고, 스르르 잠의 세계로 빠져들었습니다. 평소에는 상대방이 내 말을 오해했을지도 모른다고 고민하느라 잠을 이루지 못하거나 악몽을 꾸지만, 머릿속으로 문구를 외면 자기도 모르는 사이 잠에 빠집니다. 아침에 눈을 떠보니 평소보다 몸도 마음도 가벼웠고요.

이렇게 문구를 외며 잠드는 습관을 며칠 동안 되풀이하자 쓸데없는 걱정을 내려두고 다른 사람과 마음 편히 대화할 수 있게 되었습니다. 그리고 이런 생각이 들기 시작했습니다.

'내 의도가 당장은 와닿지 않더라도 무의식으로는 이미 전해졌을지도 몰라.'

그래서 더 이상 상대방의 반응에 지나치게 일희일비하지 않게 되었습니다. 자신의 마음속에서 우러난 진심 어린 말을 있는 그대로 전해야만 주변 사람의 오해를 사지 않는다는 사실도 깨달았고요.

'내 입에서 나오는 말을 믿고 전하면 되는구나.'

인간관계에 관한 고민이 사라진 이분은 언제든 깊은 잠을 잘 수 있게 되었습니다.

나도 모르게 최악의 미래를 상상할 때

"모두 꿈에 맡기자"

늘 최악의 상황을 상상하는 사람에게 추천한다. 그런 사람은 아직 일어나지 않은 일에 대해서도 큰 두려움과 불안을 느낀다. 그래서 매일 쌓인 스트레스를 제대로 처리하지 못하고 자주 악몽을 꾼다.

'모두 꿈에 맡기자.'라는 구절을 되뇌면서 스트레스도 모두 꿈에 맡겨보자. 최악이라고 생각했던 현실이 내가 원하는 대로 흘러간다고 느끼게 되고 나쁜 꿈도 말끔히 사라진다.

자주 불안감에 시달리고 아직 일어나지도 않은 최악의 상황을 상상하느라 날마다 잠을 이루지 못하는 사람이 있습니다.

'쓸데없는 소리를 했어. 저 사람이 날 싫어하면 어쩌지.'

'나 때문에 일이 잘못되면 어떡하지…….'

이렇게 불안한 상상이 끊이지 않습니다. 이분은 일상적인 불안뿐만 아니라 재난이나 전쟁 같은 세계적인 문제까지 상상합니다. 주변 사람에게 재해나 전쟁이 일어나면 어떻게 할 거냐고 물었다가 쓸데없는 소리 하지 말고 '현실을 살라'는 답을 들으며 바보 취급을 당하기도 했습니다.

하지만 그는 뉴스를 볼 때마다 전 세계에서 전쟁과 식량 위기가 일어나고 있으며, 환경문제도 점점 최악으로 치닫고 있음을 뼈저리게 느낍니다. 모두가 현실을 외면하고 있을 뿐이므로 자신이 현실을 일깨워야 한다고도 생각하지요. 하지만 주변 사람에게 그런 이야기를 하면 엉뚱한 생각 좀 그만하고 정신 차리라는 말을 듣습니다.

이분은 '모두 꿈에 맡기자.'라는 숙면 프레이즈를 되뇌어보기로 했습니다. 상담 전문가로부터 이 말을 외면 꿈속에서 모든 스트레스가 말끔히 해결된다고 들었기 때문이지요.

'그럴 리가……. 전 세계가 이렇게 불안한데 스트레스가 몽땅 사라지는 것도 문제 아니야?'

그렇게 생각하면서도 불안이 닥칠 때마다 문구를 되뇌어보기로 했습니다. 아무도 자신의 말을 들어주지 않으니 꿈에 맡겨봤자 소용없다고 생각하면서도 문구를 욀 때면 신기한 기분이 듭니다. 그러다 문득 이런 생각이 들었습니다.

'어? 설마 지금까지 모든 스트레스를 혼자 떠맡으려고 했나?'

그런 사람은 있을 수 없다며 이리저리 잡념을 떠올리다가 어느새 잠의 세계로 빠져들었습니다.

다음 날 밤에도 프레이즈를 떠올리다가 갑자기 궁금증이 생겼습니다. '꿈을 꾸지 않는데 어떻게 꿈에 맡길 수 있지? 아, 깊은 잠에 빠졌을 때 꾼 꿈은 기억을 못 한다고 했지.' 머릿속을 이리저리 맴도는 생각을 좇다가 금세 잠에 빠졌습니다.

잠에서 깨어나자 머리가 사뭇 맑아져서 그동안 손대지 못했던 일을 척척 해냈습니다. 그는 그런 자신의 모습에 깜짝 놀랐습니다. 어쩌면 정말로 꿈속에서 모든 스트레스가 씻은 듯 사라져서 마음껏 행동할 수 있는 것일지도 모른다는 생각이 들었습니다.

자기 전에 문구를 외면 '꿈속에서 무의식이 앞으로 다가올 위험을 대비하고 있을지도 모른다.'는 생각이 듭니다.

그렇게 계속해서 숙면 프레이즈를 되뇌며 잠을 청하자 재미있게도 이번에는 자신의 말을 들어주지 않았던 사람들이 주변 문제에 관심을 갖기 시작했습니다. 그가 열심히 설득할 때는 전혀 들어주지 않았으면서 마치 원래부터 생각했다는 듯이 부랴부랴 대비하기 시작했지요. 나중에 삼당 전문가가 이 재미있는 현상을 설명해주었습니다.

"뇌 과학에는 사람의 뇌가 항상 다른 사람과 연결되어 있으며 서로 긴밀하게 소통한다는 설이 있습니다. 저는 이 가설을 '뇌의 네트워크'라고 부르죠. 인간은 뇌의 네트워크를 통해 서로서로 균형을 이루고 있습니다. 예를 들어, 어떤 사람이 지나치게 흥분할 때 옆 사람이 "자, 그만 진정하세요." 하며 가라앉히려고 하는 것은 균형을 맞추기 위해서입니다.

이와 마찬가지로 내가 스트레스를 느끼면 상대방은 자연스럽게 균형을 맞추기 위해 '낙관적으로 상황을 바라보고 아무것도 하지 않는' 상태가 됩니다. 반대로 내가 스트레스를 해소할 수 있게 되자 상대방이 더 이상 낙관적으로

생각할 수 없게 되어서 스트레스를 처리하기 위해 스스로
행동하기 시작한 셈이죠."

상담 전문가의 말을 들은 뒤 주변 사람들의 모습을 살펴보니
정말로 자신이 꿈속에서 스트레스를 해소하고 있을지도 모른다
는 믿음이 생겼습니다.

'내 마음을 아무도 알아주지 않아 초조했던 때에는 눈 뜬 채 악
몽을 꾸고 있었던 건지도 몰라. 그 속에서 나 홀로 모두의 스트레
스를 감당했기에 사람들이 가만히 있었던 건 아닐까.'

그렇게 생각하니 왠지 웃음이 나왔습니다.

이제 이분은 '모두 꿈에 맡기자.'라고 되뇌며 잠드는 시간이 점
점 더 기대되기 시작했습니다. 꿈속에서 무의식이 모든 스트레
스를 해결해줄 테고, 그러고 나면 자신이 원하는 현실이 펼쳐질
테니까요.

과거의 어두운 기억을 끄집어낼 때
"씨앗 하나에 담긴 꽃의 가치"

속상한 일을 계속 마음에 담아두거나 과거에 있었던 일이 갑자기 떠올라 잠을 자지 못하는 사람에게 권한다. 이 문구를 외면 내가 경험한 일이 자는 동안 머릿속에서 깨끗이 정돈된다. 기억을 정리하는 과정은 마치 땅 위에 떨어진 씨앗과 같다. 땅바닥에 떨어져 기억에서 사라진 씨앗은 언젠가 아름다운 꽃을 피운다.

'떨어진 씨앗은 언젠가 아름다운 꽃이 된다.'는 이미지를 떠올리면 편안히 잠들 수 있다.

낮에 있었던 일이 자꾸 머릿속에 맴돌아 잠들지 못하는 사람이 있습니다. 잊어버리면 안 되는 일은 자주 깜빡하면서 기분 나쁜 일은 시간이 지날수록 선명하게 남아 머리를 떠나지 않습니다. 잠자리에 들면 나쁜 기억이 불쑥 튀어나와 깊은 밤까지 잠을 이루지 못하고 날이 밝아도 속상한 기분을 깔끔히 털어버리지 못합니다. 뇌를 꺼내 깨끗이 씻고 싶을 정도로 불쾌한 기억이 그대로 눌어붙어 그를 괴롭혔습니다.

그때 상담 전문가에게 '씨앗 하나에 담긴 꽃의 가치'라는 말을 배웠습니다. 그는 어두운 기억이 떠오를 때마다 배운 대로 문구를 되뇌어보기로 했지요.

출근길 만원 전철에서 만난 예의 없는 승객의 표정과 태도가 생생하게 떠오르자 '씨앗 하나에 담긴 꽃의 가치'라고 머릿속으로 되뇌었습니다. 그러자 아주 신기한 기분이 들었습니다.

"어? 뭔가 기억이 점점 흐릿해지는 느낌이 드네."

나중에 하려고 미뤄두었던 일이 갑자기 떠올라 크게 당황할 뻔한 순간에도 '씨앗 하나에 담긴 꽃의 가치'라고 되뇌자 어느새 마음이 차분해졌습니다. 밤에 잠자리에 들 때는 사소한 일 때문에 쓸데없는 짓까지 한다는 걱정이 잠시 머리를 스쳤지만, 자기도 모르는 사이에 스르르 잠이 들었습니다. 그리고 아침에 눈을 뜨자 어제 느낀 걱정은 완전히 사라지고 미뤄두었던 일도 순조롭게 시작할 수 있었습니다.

한번은 동료의 잡담을 옆에서 듣다가 예전에 자신이 저지른 실수가 또렷하게 떠오르면서 갑자기 창피한 마음이 들었습니다. 과거를 지워버리고 싶다는 생각이 들어 '씨앗 하나에 담긴 꽃의 가치'라고 되뇌니 어느새 눈앞에 있는 일에 온전히 집중할 수 있게 되었습니다.

이런 일이 반복되자 일부러 기억을 정리하지 않아도 잠을 자면서 자연히 바로잡힐 것이라고 믿어서인지 과거의 실수에 관한 기억이 더는 신경 쓰이지 않았습니다. 눈앞에 있는 일에 몰입한 덕분인지 업무도 평소보다 빠르게 끝났고요.

숙면 프레이즈를 외며 잠들었더니 이런 꿈을 꾸기도 했습니다. 곱디고운 빛깔의 꽃들이 시간의 흐름에 따라 선명함을 잃고 점차 시들어 기억에서 사라지듯 바닥으로 떨어졌습니다. 하지만 이내 다시 바닥에 묻히며 흙으로 돌아가 밑거름이 되어 새로운 꽃을 피웠습니다.

그 꿈을 꾸고 나니 그는 '씨앗 하나에 담긴 꽃의 가치'라는 말의 의미를 왠지 모르게 알 것 같은 기분이 들었습니다. 지난날 어떤 일이 있었든 간에 과거의 사건은 모두 양분이 되며, 나는 끊임없이 아름다운 꽃을 피울 수 있다. 그러자 매일 잠드는 시간이 몹시

기다려집니다. 그는 자신이 본래 지니고 있던 빛을 되찾고 아름답게 반짝이기 시작했습니다.

사소한 일로 속을 끓일 때

"의미 없는 고민은 없다"

아무리 고민해봤자 소용없다는 사실을 알면서도 생각을 멈추지 못하는 사람에게 추천한다. 이 숙면 프레이즈를 되뇌며 다음과 같이 상상해보자.

고민거리로 끙끙 앓느라 기분이 저조할 때 마음속은 온통 먹구름으로 뒤덮인다. 먹구름에서는 빗방울이 뚝뚝 떨어지기 시작하고 어느덧 큰비가 되어 땅 위로 쏟아진다. 땅 위에 쏟아진 비는 메마른 대지를 촉촉이 적신다.

반대로 기분이 좋아지면 마음속에 태양이 떠올라 빛을 내뿜고 바다와 강의 물은 증발해 흰 구름이 된다. 태양열과 적당한 바람, 비를 거치며 땅은 점점 더 비옥해진다. 깊이 고민하고 애태운 만큼 마음은 넉넉하고 풍족해진다.

어떤 사람은 사소한 일도 흘려 넘기지 못하고 오래도록 고민하느라 늘 골치가 아픕니다. 보통 사람이라면 가볍게 넘길 만한 일도 너무 심각하게 받아들인 나머지 기분이 가라앉기 일쑤이지요. 자신의 소셜 미디어 계정에 나쁜 댓글이라도 달리면 다른 사람은 "별 이상한 사람도 다 있네." 하고 조금 기분 나빠하다가도 금세 넘기지만, 그는 "왜 나한테 이런 댓글이 달리지?" 하고 머리를 싸맨 채 한참 고민합니다.

생각해봤자 시간 낭비라며 어떻게든 기분 전환을 하려고 애쓰지만, 결국 자기도 모르게 다시 고민거리를 꺼내고 말지요. 그런 자신이 점점 싫어집니다. 그때 이분은 상담 전문가에게 '의미 없는 고민은 없다.'라는 숙면 프레이즈를 배웠습니다. 이런저런 일로 쉽게 고민하는 사람에게 효과적인 문구라고 했지요.

어디선가 들어본 듯한 말이기는 한데, 되뇐다고 정말로 뭐가 달라질까? 그렇게 생각하면서도 고민이 생길 때마다 이 말을 머릿속으로 외어보았습니다. 잠자리에 누워 숙면 프레이즈를 외다가 문득 이런 생각을 하기도 했습니다.

'혹시 '의미 있는 고민 따위는 없다.'라는 말을 잘못 알려준 건 아닐까?'

하지만 이런저런 생각을 하는 사이 스르르 잠이 들었고 다음과 같은 꿈을 꾸었습니다.

꿈속에는 지글지글 속을 끓이며 고개 숙인 채 눈물을 흘리는 자기 자신이 있었습니다. 고민 때문에 기분이 한껏 가라앉자 하늘은 온통 잿빛 구름으로 뒤덮였습니다. 곧이어 그 구름 사이에서 비가 쏟아지면서 대지를 촉촉이 적셔주었지요.

점점 기분이 나아져서 하늘을 올려다보았더니 구름 사이로 햇볕이 쏟아져 땅과 바다와 강을 비추었습니다. 그러자 바닷물과 강물이 따뜻하게 달아올라 물이 증발하면서 서서히 비구름이 만들어졌습니다. 잿빛 구름 밑에 있는 자신과 햇볕을 쬐는 자신. 비구름이 비를 뿌려 땅을 점점 비옥하게 만들고, 바닷물과 강물이 햇볕에 다시 증발해 구름이 되었습니다. 그 아름답고 놀라운 풍경을 두 눈으로 바라보니 꿈속에서 탄성이 절로 흘러나왔습니다.

그렇게 꿈을 꾸고 아침에 일어나자 마음이 날아갈 듯 가벼웠습니다. 그러고 나서 놀라운 사실을 깨달았습니다.

'별것 아닌 일에도 신경이 쓰이는 이유는 그만큼 무슨 일이든 구석구석까지 내 마음이 닿고 있기 때문이구나!'

왜 자신만 이토록 사소한 일로 고민하는지 알 수 없어 괴로워했지만, 마음 한구석의 고민과 괴로움도 빛이 닿지 않으면 해결될 수 없습니다. 빛이 닿을 때 고민과 괴로움은 비로소 증발하고 긍정적인 자세로 생각하고 행동할 수 있게 되지요.

증발한 고민과 괴로움은 하늘 높이 올라가 구름이 되어 땅 위에 비를 뿌리고 메마른 땅을 촉촉하게 적셔줍니다. 그리고 나의 마음은 점점 풍족해지고 다른 사람의 마음속 아픔과 고통 또한 느낄 수 있게 되지요.

마음이 메마르면 다른 사람의 아픔을 느끼지 못하지만, 마음이 비옥하면 아픔을 함께 나눌 수 있고 점점 더 풍요로워집니다. 그렇게 생각하니 '의미 없는 고민은 없다.'라고 되뇌는 시간이 한층 더 행복해졌습니다.

타인의 시선 때문에 나다워지지 못할 때
"무의식 모드"

다른 사람을 지나치게 신경 쓰느라 자신답게 행동하지 못하고 스트레스를 받아서 잠을 방해받는 경우가 있다. 이 숙면 프레이즈는 주변 사람에게 인정받기를 원하는 반면 미움받거나 무시당하기를 두려워하는 사람, 다시 말해 '다른 사람이 나를 어떻게 생각하는지' 과도하게 신경 쓰는 사람에게 추천한다. '무의식 모드'라는 문구를 되뇌다 보면 상황에 따라 다르게 행동하던 내 모습이 비로소 나다운 하나의 모습으로 완성되어 삶에서 다시 기쁨을 느낄 수 있다.

예전 직장에서 사람들에게 자주 무시당하던 사람이 있습니다. 영업 실적은 누구보다 훌륭했지만 주관이 뚜렷하고 고집이 센 탓에 '실적 믿고 우쭐댄다.'라는 오해를 받고 주변 사람들과 멀어지게 되었지요. 이 뼈아픈 경험 때문에 이분은 늘 다른 사람의 눈치를 지나치게 살피게 되었습니다.

회사에서는 상사와 동료를 신경 쓰느라 말이나 행동이 편하지 않았습니다. 심지어 직장과 상관없는 친구를 만날 때도 눈치를 살피기 바빴고요. 어디를 가든 편하게 마음을 두지 못하고 방황하다가 집에 돌아와 혼자가 되면 비참한 기분이 밀려듭니다.

"난 대체 뭘 하는 거지?"

그는 이 기분을 지우려고 과자를 잔뜩 먹거나 스마트폰 게임을 하다가 새벽에야 겨우 잠드는 나날을 보냈습니다. 속으로는 무절제한 생활이 좋지 않다고 생각하면서도, 다른 사람 때문에 나답게 행동하지 못하는 스트레스를 해소할 방법을 몰라 매일 나쁜 습관을 반복해왔지요.

그때 상담 전문가에게 '무의식 모드'라는 숙면 프레이즈를 배웠습니다. 이 문구에는 '눈치 보지 않아도 나답게 살아갈 수 있다.'라는 의미가 담겨 있다고 했지요.

'눈치가 없으면 주변 사람에게 미움받을 테고, 나답게 살 수도 없지 않을까?'

문득 그런 의문이 들었지만, 몇 번인가 숙면 프레이즈를 되뇌자 스르르 잠에 빠졌습니다.

신기하게도 문구를 외면서 잠든 다음 날 아침은 왠지 기분이 상쾌했습니다. 출근한 다음에도 주변 사람을 신경 쓰기보다는 아무 생각 없이 일에만 몰두할 수 있었어요.

'오늘은 눈치를 거의 안 본 것 같은데! 그렇지만 혹시 사람들한테 미움받으면 어쩌지?'

그러다 문득 이런 생각이 들면 또다시 불안이 밀려왔습니다. 하지만 다시 '무의식 모드'라고 되뇌니 미움받으면 어떠냐는 마음이 들어서 다른 사람들에게 관심을 끄고 남은 하루를 무사히 마쳤습니다.

친구와 메시지를 주고받을 때도 마찬가지였습니다. 이전에는 아무리 바빠도 즉각 공들여 답장을 보냈지만, 이제는 내 우선순위를 생각하면서 적당히 대답해주었습니다. 나중에 친구가 무슨 일 있었느냐고 물었지만, 친구도 그리 기분 나쁘지는 않은 듯 보였지요. 퇴근하고 집으로 돌아가니 신기하게도 마음이 아주 가뿐했습니다.

"어? 생각보다 스트레스가 많이 쌓이지 않았네!"

원래는 퇴근하고 돌아와 빈둥거리며 스마트폰을 들여다보기 일쑤인데, 곧바로 샤워를 하고 잘 준비도 척척 끝냈습니다.

숙면 프레이즈를 되뇌며 잠들자 꿈속에서 어떤 사람이 나를 지켜주는 듯한 기분이 들었습니다. 이 사람은 가면을 여러 개 가지고 있었는데, 적에 따라 가면을 바꿔 쓰며 각기 다른 방식으로 전투를 벌였지요.

아침에 눈을 뜨니 왠지 머릿속이 맑고 상쾌하게 느껴졌습니다. 원래는 눈뜬 순간부터 회사 사람이나 친구들의 얼굴이 떠오르는데, 오늘은 아무도 생각나지 않았습니다. 일할 때 동료들 눈치도 보지 않고 본래 자신의 모습대로 자연스럽게 행동할 수 있었지요.

예전에는 자신을 있는 그대로 드러내면 미움받을지도 모른다고 생각했습니다. 하지만 지금은 그만한 일로 잔소리를 듣거나 다른 사람이 일을 빼앗아간다면, 나와는 맞지 않는 그 정도밖에 안 되는 사람이나 직장이라는 뜻이라고 생각하게 되었지요.

뭐든 뻔뻔하고 당당하게 넘겨버리는 것이야말로 '자신의 진면모'일지도 모른다. 이렇게 마음먹자 자유롭고 편안하게 살아갈 수 있게 되었습니다. 얼마 전까지만 해도 불면으로 인해 자기 전에 늘 마음이 울적했지만, 지금은 잠자리에 드는 시간이 무척 즐거워졌습니다. 꿈속에서 무의식이 자신을 지켜준다는 사실을 실감했으니까요.

무시당하고 외면당했던 마음의 상처. 그 상처들을 껴안고 사는 나를 지키기 위해 무의식은 '다른 사람을 지나치게 신경 쓰는 인격'을 만들어냈습니다. 무의식은 나를 지키기 위해 가면을 여러 개 만들었습니다. 마음의 상처는 시간이 흐르며 조금씩 아물었지만, 과거에 만든 가면이 여전히 남아 있는 탓에 싸울 필요가 없을 때도 계속해서 싸워야 했지요.

그러나 '무의식 모드'라고 되뇌며 잠들면 마음의 상처를 막아주는 여러 인격이 무의식 상태에서 하나로 합쳐져 본래의 자신으로 돌아갈 수 있습니다. 그렇게 여러 인격이 하나가 되었을 때 비로소 나답게 살아가는 기쁨이 찾아왔습니다.

누군가 나를 무시하는 말이 맴돌 때
"기쁨은 질투를 막는 우비"

누군가의 사소한 말 한마디가 아무리 시간이 지나도 뇌리에서 떠나지 않을 때가 있다. 만약 상대방이 자신을 무시하는 것 같다면, 그 사람은 당신을 '질투'하고 있을지도 모른다.

어떤 사람은 누군가 즐거워하거나 행복해할 때 그 모습을 시기하기도 한다. 이것은 마치 강력한 전기 충격과도 같다. 과거에 주변 사람의 질투 때문에 전기 충격처럼 큰 타격을 받은 적이 있다면, 뭔가에 기뻐하는 일 자체가 두려워질 수도 있다.

이 숙면 프레이즈를 되뇌면 '기쁨과 행복을 느껴도 된다.'는 안도감이 들고, 타인의 질투에 대한 두려움이 사라진다. 다시 기쁨과 행복을 느끼면 마음이 편해지고 나아가 좋은 잠을 잠으로써 더 큰 행복 또한 손에 넣을 수 있다.

직장 동료의 말 한마디 때문에 일상생활이 엉망으로 꼬인 사람이 있습니다.

"그 사람은 왜 나를 비꼬는 말을 했을까? 설마 날 무시한 건가?"

언짢은 기분을 지우려고 관심도 없는 TV 프로그램을 보거나 늦은 밤까지 웹툰을 읽기도 합니다. 인스턴트식품이나 간식을 끊임없이 먹어대기도 하지요. 자기도 모르게 몸에 좋지 않은 행동만 해서 스스로를 싫어하게 될 지경입니다.

이 사람은 자신의 마음이 이해되지 않습니다. '생각해봤자 소용없는데 왜 자꾸 싫어하는 사람을 떠올릴까? 왜 몸에 좋지 않은 일을 그만두지 못할까?' 상담 전문가는 이렇게 이야기했습니다.

"나쁜 습관을 버리지 못하는 이유는 발전에 대한 두려움 때문인지도 몰라요."

"네? 저는 그렇게 대단해지고 싶은 생각이 없는데요! 그리고 그게 누군가를 미워하는 것과 상관이 있나요?"

그는 절대 그렇지 않다고 곧바로 반박했습니다.

"규칙적인 생활로 건강한 몸을 갖고 활기찬 삶을 산다고 상상해보세요."

상담 전문가에게 이 말을 들은 순간 '나를 보는 사람들의 시선이 달라질 수 있다.'라는 생각이 불쑥 솟아올랐습니다. 사소한 말도 지나치지 못하는데 지금보다 더 많은 관심을 받게 되면 두려움을 느낄지 모른다는 사실도 깨달았습니다.

"싫어하는 사람이 자꾸 생각나는 이유는 그 사람의 말에서 어떤 충격을 받았기 때문이에요. 편안한 상태가 되면 그에 대한 공포가 밀려와서 자기도 모르게 계속 떠올리는 거죠."

그 말을 듣고 나니 어느 정도 납득이 되었습니다. 상담 전문가는 이어서 말했습니다.

"질투는 지극히 '동물적인 반응'이에요. 자기보다 낮은 위치에 있다고 생각하는 사람이 어느 순간 자신보다 뛰어난 모습을 보이면 일어나죠.

이를테면 상대방은 당신의 '자신 없는' 태도를 보고 항상 '자기보다 아래'라고 생각했어요. 그런데 당신이 어느 날 잠재력을 슬쩍 드러내자 비꼬는 투로 말하며 시기심을 드러낸 거죠. 누군가의 질투는 강력한 전기 충격과 같은 기분 나쁜 일이니 그다음부터는 성장하는 기쁨을 두려워하게 된 거예요."

'별 뜻 없는 다른 사람의 한마디가 머릿속을 맴도는 이유는 상대방의 질투가 자신에게 충격을 주었기 때문이다.' 전문가에게 그런 이야기를 들으니 자연히 고개가 끄덕여졌습니다.

자신이 원하는 바를 이루거나 건강한 몸을 만들거나 자신감 있는 삶을 두렵게 느끼는 것은 사실 타인의 질투가 무서워서였습니다. 지금까지 강단 있게 살아가지 못하는 스스로를 늘 탓해 왔지만, 자신의 문제가 아니었다고 생각하니 스스로 조금 가엽게 느껴지기도 했습니다.

여기까지는 어느 정도 이해했지만, 그럼에도 나쁜 습관을 바로 그만두기는 어려울 것 같았고 불쾌한 사람은 여전히 생각났습니다. 계속 고민하다 상담 전문가에게 물으니 '기쁨은 질투를 막는 우비'라는 문구를 알려주었습니다.

회사 화장실에서 싫어하는 사람의 얼굴이 머릿속에 떠올랐을 때 문구를 외자 그 사람이 뭘 하든 무슨 생각을 하든 아무 상관없다는 생각이 들었습니다. 그동안은 이불 속에 들어가도 자야 한다고 억지로 생각하면 할수록 잠이 멀리 달아날 뿐이었지요. 하지만 문구를 되뇌니 그 사람의 말보다 기쁜 일을 먼저 떠올리게 되면서 저절로 잠에 빠졌고, 아침에도 그 사람의 모습이 생각나지 않았습니다.

지금껏 '단것을 먹는 것이 일상의 가장 큰 행복'이라고 여겼습니다. 하지만 숙면 프레이즈를 왼 뒤로 그것이 전부가 아니라는 작은 깨달음을 얻었습니다. 먹지 않아도 기쁨이 존재한다는 사실도 말이지요.

이분에게는 한 직장에 오래 다니지 못한다는 고민도 있었습니다. 그러나 이직이 잦아진 이유 또한 일이 잘 풀렸을 때 주변 사람으로부터 질투를 받는 상황을 힘들어했다는 사실을 알게 되었지요. 숙면 프레이즈를 꾸준히 되뇌자 잠의 즐거움과 건강한 생활의 행복 그리고 무엇보다 더 큰 자유를 얻었습니다. 이러한 평범한 생활의 기쁨을 느끼다 보니 자연히 더 깊은 잠을 잘 수 있게 되었습니다.

생활 리듬이 불규칙해졌을 때

"내 머릿속 달콤한 사탕"

식사 후 졸음을 달래려다 낮잠을 너무 많이 자서 정작 자야 할 시간에 잠들지 못하는 사람이라면 반드시 눈여겨보자. 밥을 먹은 뒤 졸음이 몰려올 때 '내 머릿속 달콤한 사탕'이라고 반복해서 말하면 입안에 우유 사탕 같은 달콤한 맛이 퍼지며 머리가 맑아진다. 그러면 엉뚱한 시간에 곯아떨어지지 않게 된다. 더불어 밤에 잠자리에 들었을 때 머릿속으로 이 숙면 프레이즈를 외면 포근한 안정감 속에서 깊이 잠들 수 있다. 이 문구가 미숙한 자신을 한층 성장하게 하고 평온한 잠 속에서 사랑과 안정감을 찾도록 도와주기 때문이다.

저녁 식사를 하고 나면 졸음이 몰려와 이른 시간에 곯아떨어지는 사람이 있습니다.

"아, 또 너무 일찍 자버렸네."

허둥지둥 일어나 설거지를 하고 샤워한 다음 제대로 잠자리에 들지만, 이제는 좀처럼 잠이 오지 않습니다. 겨우 잠들어도 몇 시간 뒤에 다시 눈이 떠지고, 화장실에 갔다 오면 다시 잠들기까지 시간이 꽤 걸리지요. 식사 후 깜빡 잠든 시간을 합치면 수면 시간이 적당하니 괜찮을 거라고 생각했지만, 스마트워치로 수면 패턴을 측정해보자 온통 얕은 잠뿐이었습니다.

건강한 사람은 몇 시간 정도는 깊은 수면을 취하기 마련이지만, 그는 깊은 잠을 전혀 자지 못합니다. 그래서 식사 후 졸음이 쏟아지면 바로 잘 준비를 해서 아침까지 푹 잘 수 있도록 생활 패턴을 고쳐보기로 결심했습니다.

그토록 단단히 다짐했지만, 저녁을 먹은 뒤 TV를 켜고 "이 프로그램만 다 보고 자야지." 하고 여유를 부리다가 점점 졸음에 취했습니다. 결국 15분만 자고 일어나야겠다고 긴장을 푸는 순간 어느새 깊게 잠들어 한 시간이 훌쩍 지나가버렸지요. 다른 날도 빨리 잘 준비를 하자고 생각하면서도 정신을 차리고 보면 어느새 TV 프로그램이 심야방송으로 바뀌어 있어서 스스로에게 넌더리가 났습니다.

"또 자버렸잖아!"

잠을 제대로 자지 못하니 낮에는 참기 힘든 졸음이 덮쳐오고, 머리가 멍해져서 일에 집중하기도 어렵습니다. '나는 왜 이렇게 의지가 약할까?' 그렇게 자신을 탓하는 날이 반복되었습니다.

어느 날, 이분은 상담 전문가에게 '내 머릿속 달콤한 사탕'이라는 말을 배웠습니다. 대체 무슨 말인가 싶었지만, 엉뚱한 시간에 낮잠을 자서 밤에 잠을 이루지 못하는 사람에게 도움이 된다고 해서 일단 읊어보기로 했습니다.

늘 그랬듯 밥을 먹고 나서 졸음이 몰려왔을 때 '내 머릿속 달콤한 사탕'이라고 되뇌자 신기하게도 입안에 우유 사탕 맛이 퍼지는 듯한 느낌과 함께 정신이 말똥말똥해졌습니다.

'방금 전까지만 해도 엄청나게 나른하고 졸렸는데 어떻게 된 일이지?'

숙면 프레이즈를 외우자 졸음이 싹 가셔서 아무렇지 않게 일어나 설거지를 하고 잘 준비를 했습니다. 자기 전에 다시 문구를 되뇌니 이번에는 어느새 스르르 잠이 들었습니다. 예전에는 자다가 몇 번이나 깼는데, 아침까지 한 번도 깨지 않고 푹 잤습니다. 게다가 아침에는 상쾌하게 눈을 뜨고 낮에는 졸음도 전혀 느껴지지 않았지요.

대체 이 문장이 무슨 뜻이냐고 묻자 상담 전문가에게 다음과 같은 답이 돌아왔습니다.

"사실 이 문장은 갓난아기 시절에 부모님과 떨어졌던 사람들을 위한 구절이에요.

아기는 배가 고프면 잘 수 없어요. 배가 고플 때는 혈당 수치가 내려가므로 밥을 먹어서 혈당 수치를 올려야만 잘 잘 수 있죠. 그런데 필요할 때 제대로 챙김받지 못하면 결국 울음을 터뜨립니다. 눈물을 흘려 스트레스 호르몬인 카테콜아민을 분비함으로써 혈당치를 높이는 거예요. 아기는 결국 울다 지쳐 잠들지만, 꿈속에서 부모로부터의 안정감과 애정을 끊임없이 갈구하죠."

'내 머릿속 달콤한 사탕'이라고 되뇌면 마치 갓난아기가 배를 채우듯 혈당치가 올라가는 느낌을 받을 수 있습니다. 자신이 원할 때 안정감과 사랑을 받지 못했음을 깨닫고 스스로를 소중히 여겨줄 수 있으니까요.

이분은 상담 전문가의 설명을 듣고 고개를 끄덕였습니다.

"하긴 우리 부모님은 늘 바쁘셨으니 내면에 나도 모르는 결핍이 있었을지도 모르지."

숙면 프레이즈를 욀 때마다 그는 꿈속에서 안정감과 사랑을 갈구하던 어린 시절로 돌아가 스스로를 아껴줄 수 있었습니다. 그리고 안온한 잠 속에서 자신이 그토록 바라던 사랑과 마음의 평온을 손에 넣을 수 있었습니다.

피곤해서 의욕이 생기지 않을 때

"꿈에서 해결책을 배우자"

이유 없이 늘 피곤한 사람에게 도움이 되는 문구다. 멍하니 앉아 있을 때 우리는 아무것도 하지 않는 듯 보이지만, 실제로 뇌는 계속해서 움직인다. 아무 일도 하지 않았는데 늘 쉽게 지치는 사람은 뇌의 '디폴트 모드 네트워크(DMN)'가 지나치게 활발하게 작동하고 있을지도 모른다. 뇌가 이런 상태일 때는 에너지를 낭비하기 때문에 쉽게 피로해진다.

잠을 자는 동안에도 뇌는 쉬지 않고 힘차게 움직인다. 사실 인간은 쉬기 위해서가 아니라 학습하기 위해 잠을 잔다. '꿈에서 해결책을 배우자.'라는 말을 되뇌면 쓸데없는 뇌의 에너지 낭비를 막고, 의식적으로 학습할지 무의식에 맡길지를 선택할 수 있다.

업무가 산더미처럼 많은 것도 아닌데 날마다 녹초가 되어 고민하는 직장인이 있습니다. 매일마다 하려고 마음먹은 일의 절반도 끝내지 못해서 성취감도 느끼지 못합니다. 자려고 누워서도 '오늘도 아무것도 못 했네.', '내일은 꼭 해야지……' 하는 생각만 반복하다가 잠을 설치기 일쑤죠.

재택근무를 하는 날에도 새벽에 겨우 잠들었다가 업무 시간이 다 되어서야 아슬아슬하게 일어납니다. 멍한 상태로 일을 시작하려 노력하지만, 효율이 떨어지니 눈 깜짝할 사이에 시간이 흘러 또 제대로 하는 일 없이 하루가 끝나버리죠. 그리 힘든 업무는 없었는데도 이상하게 기운이 나지 않습니다. 결국 다른 일을 할 의욕도 전혀 생기지 않습니다. 그런 하루하루에 싫증이 날 지경입니다.

상담 전문가에게 고민을 토로하자 '꿈에서 해결책을 배우자.'라는 말을 알려주었습니다. 머리가 멍해질 때 반복해서 말해보라고 했지요. 이분은 일을 하다가 머릿속이 멍하게 느껴질 때 이말을 되뇌어보았습니다. 그러자 복잡한 생각이 사라지고 다시 집중력이 높아지는 듯한 느낌이 들었습니다.

평소 같았으면 인터넷에서 업무를 처리하는 방법을 검색하느라 많은 시간을 들였을 텐데, 이번에는 일을 척척 해결해서 마음이 무척 뿌듯합니다. 예전에는 일한 보람도 성취감도 잘 들지 않았지만, 숙면 프레이즈를 되뇌기 시작한 다음부터는 자는 사이에 생각이 정리될지도 모른다는 기대 속에서 편안히 잠을 청합니다. 아침에 눈을 떴을 때도 멍하기만 했던 예전과 달리 지금은 지체 없이 루틴하게 세수하고 이를 닦게 되었고요.

일을 하다가 쓸데없는 생각이 꼬리에 꼬리를 물려고 하면 '꿈에서 해결책을 배우자.'라고 되뇌어봅니다. 그러면 멍하니 시간을 흘려보내지 않고 눈앞에 있는 일에 집중해 빠르게 끝내고 하고 싶었던 일을 조금씩 즐길 수 있게 되었습니다.

이런 일이 반복되면서 자신이 점점 업그레이드되는 것 같았지요. 더불어 아침에 일어나 활기찬 마음으로 방을 조금씩 정리하고 자신이 하고 싶은 일도 찾아가게 되었습니다. 그런 날이 하루하루 반복되는 사이 공간은 점점 말끔해졌고, 줄곧 들어보고 싶었던 수업을 인터넷으로 신청해 실제로 배워보기도 했습니다.

나날이 새로운 일에 도전하면서 예전의 자신이라면 보지 못했을 부분이 보입니다. 정말로 자는 사이 공부하는 느낌이 들어서 잠자는 시간도 즐거워집니다.

'항상 멍하니 있었을 뿐인데, 왜 그렇게 피곤했을까?'

궁금해하던 중 어느 날 구가야 아키라라는 사람이 쓴 《최고의 휴식》이라는 책에서 '멍하게 있을 때는 뇌가 디폴트 모드 네트워크 상태여서 많은 에너지를 소비한다.'는 내용을 발견했습니다. 아무것도 하지 않으니 에너지도 전혀 쓰이지 않을 거라고 생각했지만, 실제로는 정반대였지요. 멍하니 있으면 있을수록 뇌에서 엄청난 양의 에너지가 소비되어 도리어 아무것도 할 수 없는 상태가 된다는 것입니다.

그동안 자신은 무엇 하나 제대로 해내지 못한다는 열등감에 늘 사로잡혀 있었습니다. 하지만 곤히 잠든 사이에 많은 것을 바꿀 수 있다고 실감하자 잠자리에 드는 시간이 너무나 즐거워졌습니다.

많은 일로 초조해서 잠이 오지 않을 때

"생각하는 시간이라는 사치"

일이 생각대로 흘러가지 않아 답답하고 불안해서 잠이 오지 않을 때, 이것도 저것도 마음대로 되지 않아 초조할 때, '생각하는 시간이라는 사치'라는 문구를 읊어보자. 조마조마하게 애타는 마음이 가라앉아 편안히 잠을 청할 수 있다. 그뿐만 아니라 기억력과 집중력이 향상되고 아이디어도 샘솟아 업무 효율이 올라가게 된다.

'꼭 해야 하는 일' 때문에 머릿속이 복잡한 사람이 있습니다. 이것도 하고, 저것도 하고, 누군가 문의한 메일에 답신도 해야 하고……. 할 일을 하나하나 떠올리기만 해도 순식간에 시간이 지나갑니다. 결국 생각만 하고 행동으로 옮기는 일은 적어서 또다시 일을 미루게 되어 초조하게 항상 마음을 졸이지요.

"이것도 못 했잖아. 내일은 꼭 해야지."

늘 생각한 대로 실행하지 못하니 이런저런 고민이 끊이지 않습니다. 머리가 팽팽 돌아가다 보면 자연히 잠도 달아나버리지요. 할 일을 한눈에 볼 수 있게 정리하면 쓸데없는 걱정을 덜 수 있을 듯해 업무 리스트를 열심히 작성해도, 결국은 머릿속으로 절차를 일일이 짚어보느라 생각이 멈추지 않습니다.

고민하던 이분은 상담 전문가에게 '생각하는 시간이라는 사치'라는 말을 배웠습니다.

"이런 걸 반복해서 말한다고 무슨 도움이 되나? 괜히 시간 낭비하는 것 아닌가?"

여러 궁금증이 들었지만, 도저히 잡다한 생각이 멈추지 않아 속는 셈치고 전문가의 말에 따라보기로 했습니다.

문구를 여러 번 되뇌어보니 마치 '고급 리조트에서 느긋하게 휴양하며 생각하는 듯한 기분'이 들었습니다. 평소처럼 쓸데없는 데 시간을 낭비하고 있다는 초조함은 사라졌지요. 여유롭고 느긋한 분위기에서 시간을 아낌없이 쓰고 있다고 생각하자 신기하게도 좋은 아이디어가 저절로 떠오르고 메일에 답장을 쓰기도 훨씬 쉬워졌습니다.

메일을 쓸 때는 늘 이런저런 말을 모두 담고 싶어서 조급한 마음이 들었는데, 숙면 프레이즈를 왼 다음부터는 마음의 여유가 생겨 편안한 마음으로 메일을 쓰게 되었지요. 생각이 많아질 때마다 숙면 프레이즈를 되뇌니 이런 생각이 들기 시작했습니다.

'하긴 생산적인 일을 할 때보다 비생산적인 일을 할 때가 더 즐거운 법이지.'

자는 시간은 늘 비생산적이라고 여겨왔는데, 문구를 되뇌다 보니 수면 시간도 무엇보다 '생산적인 시간'으로 바뀌었습니다. 자는 시간을 점점 더 고대하게 되기도 했고요. 잠든 사이에도 뇌는 열심히 활동하며 '생각하는 시간'을 가지고 있습니다. 이만큼 귀한 시간을 보내고 있다고 생각하니 마음이 한결 여유로워졌습니다.

잠을 자면 잘수록 시간을 사치스럽게 쓰는 셈이니 마음에 점점 더 여유가 생기고, 그럴수록 사소한 일에 신경을 쏟지 않게 되어 머리를 비우는 시간이 늘어납니다.

문구를 외면서 눈앞에 놓인 일에 집중하다 보면 해야만 하는 일은 어느새 끝이 나고 시간을 가장 호화롭게 사용하는 '잘 시간'이 다가옵니다.

이제 이런 생각까지 들기 시작했습니다.

'마음이 조급해지면 한시도 쉬지 않고 일해야 할 것 같은 기분이 들지. 하지만 만약 마음이 넉넉해져서 시간을 여유롭게 쓸 줄알게 되면 아득바득 일할 필요도 없어지지 않을까?'

그런 순간에도 '생각하는 시간이라는 사치'라는 말이 떠올라'바로 이런 생각이 시간을 호화롭게 사용하는 방법이구나.' 하고고개를 끄덕였습니다. 이제 업무에도 여유가 생겨서 항상 느긋하게 생활할 수 있게 되었습니다.

문제의 해결책이 계속 고민될 때
"꿈속에서는 처리 능력이 100배"

일이나 돈 문제를 생각하다 보면 신경이 한껏 날카로워져서 잠이 오지 않는다. 그럴 때는 일단 무의식의 힘에 모두 맡겨 보자. 무의식은 잠든 사이 꿈속에서 복잡한 문제를 하나하나 계산해준다. 무의식이 뛰어난 처리 능력으로 문제를 해결하는 광경을 상상하면, 끝없는 고민에서 벗어나 기분 좋게 잠들 수 있다.

돈이 좀처럼 모이지 않아 고민하는 사람이 있습니다. 월급과 여러 수당을 더해 생활비를 꼼꼼히 계산하는데도 돈이 원하는 만큼 늘지 않아 늘 속이 상합니다. 학생 시절부터 계산에는 나름대로 자신이 있었건만, 통장을 확인할 때마다 생각대로 돈이 늘지 않습니다.

늘 머릿속으로 하나하나 따져가며 생활하고 있지만 저축액은 날이 갈수록 줄어들기만 합니다. 이분은 평소 장을 보거나 쇼핑을 할 때도 값비싼 물건 대신 합리적인 가격의 물건을 구입합니다. 주변 사람들보다 돈을 아껴 쓴다고 생각하는데, 어째서 저금은 늘지 않을까요.

일을 할 때도 마찬가지입니다. 처음부터 계획을 꼼꼼히 세워도 나중에 보면 일정이 점점 뒤로 밀려 문제가 생깁니다. 결국 윗사람에게 본인의 업무 속도를 제대로 계산해서 다시 계획을 세우라고 잔소리를 듣지요. 자신이 뭔가 계산을 잘못하고 있을지도 모른다는 생각에 자신감이 사라지고 불안감 때문에 잠까지 설치게 되었습니다.

그러던 중 남성은 상담 전문가에게 '꿈속에서는 처리 능력이 100배'라는 숙면 프레이즈를 배웠습니다. 뭔가 의문이 들었지만 이 한마디로 잔고에 변화가 생기거나 일 처리가 효율적으로 달라진다면 얼마든지 해보자는 심정으로 문구를 되뇌어보기로 했습니다.

돈 계산을 하거나 업무 계획을 세울 때 그는 문구를 머릿속으로 떠올렸습니다. 처음에는 100배라니 무슨 말도 안 되는 소리

냐는 생각이 가장 먼저 들었습니다. 그러다 문득 자산이나 업무 계획뿐 아니라 지금껏 인간관계에서도 이것저것 계산하며 이해타산으로 관계를 맺었음을 깨닫고 조금 놀랐습니다.

저금이 좀처럼 늘지 않는다는 생각이 들 때도 문구를 되뇌었습니다. 그러자 예상치 못했던 생각이 떠올랐습니다.

'어? 혹시 지나치게 몰입하고 세세하게 계산하면 할수록 오히려 돈이 잘 안 모이는 건가?'

과도하게 집착하지 않는 편이 훨씬 효율적일지도 모른다고 생각하고 마음을 내려놓자 자연히 자는 시간이 빨라졌습니다. 낮 동안 이것저것 복잡하게 생각하느니 꿈속에서 100배 뛰어난 처리 능력으로 먼저 정돈하는 편이 더 나을 테니까요.

이 숙면 프레이즈를 외며 잠들자 꿈에 어린 시절 팔랑팔랑 넘기며 놀았던 플립북처럼 마음 깊이 묻어둔 기억의 페이지가 빠르게 넘어가는 장면이 보였습니다. 무의식에서 이처럼 엄청난 속도로 다양한 정보를 계산하고 있구나. 자기도 모르게 감탄했습니다. 이 정도라면 농담이 아니라 정말 무의식적으로 하는 계산 처리 능력이 100배 빠를지도 모른다는 생각이 들어서 깨어 있는 동안 복잡한 문제로 고민하지 않게 되었지요. 숙면 프레이즈를 꾸준히 외니 잠드는 시간이 점점 더 기다려지기 시작했습니다.

오랜만에 인터넷뱅킹으로 통장 잔액을 조회해보자 신경 쓰지 않은 사이 전보다 금액이 훨씬 늘어 기분 좋은 탄성을 지르기도 했습니다.

이분은 계산에는 자신이 있었지만, 너무 작은 단위까지 챙기며 계산하다 보니 오히려 스트레스가 쌓여 있었습니다. 그 때문에 자기도 모르게 '스트레스 비용'으로 돈을 쓰면서 지출이 커지고 있었다는 사실을 뒤늦게 깨달았지요. 업무 일정을 제대로 지키지 못한 이유도 무리한 일정을 세우고 빨리 끝내야 한다는 압박으로 일의 완성도를 떨어뜨려 결국 많은 부분을 다시 해야 했기 때문이었습니다.

100배 뛰어난 꿈속 처리 능력에 모든 것을 맡겼다고 생각하자 마음이 편해지고 스트레스가 줄어들면서 상황이 달라졌습니다. 본래 계산이 빠르고 수에 밝으니 꿈속에서 능력을 100배로 키운다면 인생은 얼마나 더 재미있는 방향으로 나아갈까요. 숙면 프레이즈를 외며 잠드는 날이 많아지면 나의 능력을 훨씬 뛰어넘는 실력이 발휘되면서 지금껏 생각하지 못했던 전개가 펼쳐질 것이라는 예감이 들었습니다.

3장

의식을 역으로 이용해
잠재력을
끌어올리는 방법

의식에서 무의식으로
배턴 터치

인생을 변화시키는 무의식의 힘

2장에서는 마법의 숙면 프레이즈를 이용해 깊게 잠드는 방법을 소개했습니다. 이번 3장에서는 '마법의 문장만으로 정말 잘 잘 수 있을지' 의심하는 사람이나 '해봤지만 별로 효과가 없었다'고 실망하는 사람을 위한 새로운 방법을 소개합니다.

현장에서 상담을 진행할 때도 암시 문장이 잘 듣지 않는 사람을 만나게 됩니다. 이럴 때는 '의식을 역으로 이용해 잠드는 방법'이 효과적입니다. 3장에서 소개하는 기술들은 연습하면 할수록 효과가 커지므로 스스로의 힘으로 편안하게 잠자리에 들 수 있습니다.

'의식을 의식하면 잠에 못 들지 않을까?' 하는 생각이 들지도 모릅니다. 사람은 분명 의식이 강하게 작용할 때는 쉽사리 잠들지 못하니까요. 자고 싶다는 생각으로 "자야 돼, 자야 돼." 하고 되뇌다 보면 정신이 더욱 또렷해지면서 무의식 상태인 '잠'으로 들어가기가 어려워지지요. 그래서 의식을 역으로 이용할 때는 어디에 주의를 기울일지 명확히 선택해 무의식을 자극해야 합니다.

공황 발작이나 극심한 불안감이 닥쳤을 때 머릿속으로 수를 헤아리거나 손가락을 꼽으며 숫자를 세는 행동을 하면 마음을 가라앉히는 데 도움이 됩니다. 이와 비슷하게 '자신이 무의식중에 하는 행동에 의식적으로 초점을 맞추면' 의식과 무의식이 균형을 이루게 됩니다. 이로써 의식에서 무의식으로 매끄럽게 배턴이 넘어가면서 깊은 잠에 들 수 있지요.

여기서 소개하는 방법은 편안한 잠에 드는 것과 더불어 잠재력을 높이는 데도 도움이 됩니다. 반복해서 훈련하다 보면 나에게 숨겨져 있던 능력이 의지에 따라 나타날 수 있어요. 명탐정 못

지않은 날카로운 관찰력이나 타인의 마음을 꿰뚫어 보는 분석력, 그리고 다른 사람의 마음을 편안하게 만드는 커뮤니케이션 능력 등 본래 갖추고 있었지만 숨겨졌던 능력을 한껏 끌어낼 수 있습니다.

이처럼 자신의 능력을 최대한으로 발휘할 수 있게 되면, 주변 사람이 자신을 대하는 태도 또한 분명히 달라집니다. 어느덧 꿀잠만으로 삶이 업그레이드되는 꿈같은 현실을 실감하게 되지요.

다른 사람의 말과 행동이 거슬릴 때

'머릿속 관찰 일기 쓰기'

불쾌한 말과 행동을 일삼는 사람이 주변에 있으면 늘 짜증이 나기 마련이다. 그 사람의 말과 행동을 곰곰이 되씹다 보면 잠이 달아날 때가 있다. 그럴 때는 상대방의 행동을 일부러 상세히 떠올려서 초등학생이 관찰 일기를 쓰듯이 자세하게 들여다보자.

'산만하다.', '시끄럽다.' 같은 주관적인 표현이 아니라 '몇 시 몇 분에 ○○을 했다.'처럼 인물의 행동을 최대한 구체적이고 객관적으로 관찰하는 것이 포인트다. 나아가 그런 상대방을 보고 자신이 어떤 생각을 했는지, 바깥에서 플라스틱 상자 안을 관찰하듯이 들여다보면 어느새 고민은 달아나고 잠이 솔솔 온다.

어릴 적 식물이나 곤충을 보며 '관찰 일기'를 써본 적이 있나요? 관찰 일기를 쓰듯이 불편한 사람의 '객관적인 정보'만 모두 적어나가다 보면 쉽게 의식과 무의식의 균형을 잡을 수 있습니다. 일명 '지극히 객관적인 ○○씨 관찰 일기'지요. 관찰 일기는 노트에 적어도 좋지만, 손으로 쓰기 어렵다면 머릿속으로 차례차례 떠올려보기만 해도 훌륭한 훈련이 됩니다.

다만 "○○씨는 이상하다는 듯이 나를 쳐다보았다."라든지 "나를 말로 공격했다." 같은 표현은 객관적인 정보가 아니라 주관적인 정보입니다. 객관적인 정보는 이런 식이지요.

"그는 의자에 앉은 채 다리를 45도로 벌리고 오른쪽 발끝을 땅에 댄 채로 1초간 약 3회 간격으로 흔들며 5초 동안 내 쪽을 쳐다보았다." 이 상황을 "산만하게 다리를 떨어댔다."라고 말하면 주관적인 표현이 되고요.

직접 만나 관찰할 수 없을 때는 "메일을 보냈더니 이틀 후 다섯 줄짜리 답장을 보냈다."처럼 가능한 한 객관적인 정보를 모아야 합니다. 이렇게 구체적인 정보를 머릿속으로 떠올리며 받아 적거나 머릿속으로 하나하나 나열하면 됩니다.

주관적인 표현을 사용하면 안 되는 이유는 의식이 기록에 반

영되어서는 안되기 때문입니다. 우리의 내면에는 무의식이 작동하고 있으며 상대방의 사소한 움직임을 제대로 관찰하고 온전히 기억하고 있습니다. 무의식이 관찰한 정보야말로 '객관적 정보'이며, 이런 내용을 서술하거나 리스트로 나열했을 때 의식과 무의식이 균형을 이루어 정보를 정리해주고 어느새 기분 좋은 잠이 찾아옵니다.

남편의 행동으로 스트레스를 받은 아내

어떤 분은 남편이 재택근무를 하며 함께 있는 시간이 너무 길어진 뒤로 스트레스를 받아 잠을 자지 못합니다.

"물건을 쓰고 나면 제자리에 둬야 하지 않을까?"

"내가 집중하고 있을 때는 자주 말 걸지 말아줘."

그 밖에도 짜증 나는 일이 너무 많아서 밤마다 가슴이 답답해졌습니다. 여성은 잠자리에 들기 전에 '남편 관찰 일기'를 써보기로 했습니다.

"'남편이 부산스럽다.', '일에 전혀 집중하지 않는다.' 같은 정보

는 주관적이구나……. 그럼 그 밖에는 뭐가 있었지?" 왠지 쓸 내
용이 잘 생각나지 않습니다.

그때 상담 전문가의 말이 떠올랐습니다.

"처음 관찰 일기를 쓰기 시작했을 때는 누구나 상대방이 나에
게 잘못한 일만 떠올리며 주관적인 정보를 나열하기 마련이에
요."

그 대신 다음과 같이 '숫자로 표현하기'를 염두에 두면 객관적
인 정보를 모으기가 한결 쉽다고 했습니다.

- 횟수, 빈도('싫은 소리만 한다.'가 아니라 '○○이라고 10
  번 말했다.'로)
- 시간('아침 일찍 메일이 왔다.'가 아니라 '아침 6시 15분
  에 메일이 왔다.'로)
- 자세('자세가 안 좋다.'가 아니라 '몸을 30도 앞으로 기울
  이고'로)

아내는 남편이 화장실에 너무 자주 간다고 생각했는데, 막상
관찰에 따라 횟수를 적어보았더니 '45분에 한 번씩' 갔다는 것을

알게 되었습니다. 이 정도면 생각만큼 자주도 아니었지요. 이런 일이 반복되자 관찰 일기를 쓰는 일에 점점 재미가 붙었습니다.

식사 메뉴를 일일이 묻는다는 점도 불만이었는데, 객관적으로 떠올려보니 "11시 40분에 '오늘 점심은 뭐 먹어?'라고 방문을 열고 얼굴만 쏙 내밀고서 물었다."라고 적었습니다. 매번 물어보는 게 답답했지만, 글로 써보자 그 정도로 짜증이 날 일은 아니었습니다.

여성은 노트에 남편에 관한 객관적인 정보를 적다가 서서히 졸음이 몰려와서 노트를 덮고 잠을 청했습니다. 그리고 다음 날이 되자 일기를 쓰기 위해 의식적으로 남편을 관찰하기 시작했습니다. 그러자 평소와 달리 남편이 생각보다 귀찮게 굴지 않는다는 것을 깨달았습니다.

관찰 일기에 쓸 거리가 필요한데, 의외로 언짢은 행동은 거의 없었습니다. 잠들기 전 일기를 쓸 때는 아무리 곰곰이 생각해도 "남편은 10시 48분, 11시 40분 그리고 12시 50분에 화장실에 갔다." 정도밖에 내용이 떠오르지 않았지요. 좀 더 생각해내야 한다며 열심히 떠올리려고 하다가 점점 잠이 몰려와 내일로 미루고 일단 잠을 청했습니다.

지금껏 남편 때문에 시간을 낭비하고 있다고 화를 냈던 마음도 사실은 자신만의 주관적인 생각이었습니다. 관찰 일기를 쓰기 시작한 뒤로는 짜증 내지 않고 어린아이처럼 곤히 잘 수 있게 되었지요.

다른 사람을 판단하지 않게 되었다

'이 정도라면 실제로 쓰지 않고 머릿속으로만 떠올려봐도 괜찮겠어.'

그런 생각이 들자 여성은 노트를 내려놓고 일찌감치 이불 속으로 들어갔습니다. 그러고는 머릿속으로 '남편 관찰 일기'를 다시 쓰기 시작했습니다.

저녁 무렵부터 TV 앞에 앉은 남편은 소파에 앉아 얼굴을 왼쪽으로 45도 기울이고 TV를 보다가 "이거 참 재밌네."라고 중얼거렸습니다. 이런 내용들을 하나하나 나열하다 보니 '짜증 난다', '기분 나쁘다' 같은 인상이 점점 달라지더니 지금까지 보이지 않았던 것이 보이기 시작했습니다.

'그러고 보니 남편은 집에서도 혼자 있는 시간이 많구나. 혹시 외로웠던 걸까?'

그런 마음으로 남편을 바라보기 시작하자 두 사람의 관계에도 변화가 나타났습니다. 여태껏 집안일을 나 몰라라 하던 남편이 먼저 집을 깨끗이 정리하기도 하고 아내의 몸 상태를 신경 써주면서 집안 분위기가 무척 편안해졌습니다. 아내는 어쩌면 자신이 만들어낸 무의식의 힘 덕에 남편이 달라졌을지도 모른다는 기분 좋은 생각이 듭니다.

우리는 의식하는 동안 자연히 다른 사람을 판단합니다. 나를 무시한다, 집안일을 나한테만 떠맡기려고 한다, 책임을 회피한다 등등. 반면, 무의식중에는 이런저런 객관적 정보를 관찰하고 수집합니다. 이러한 객관적 정보를 '관찰 일기'로 하나하나 모아보면 어느 순간 의식과 무의식이 균형을 이룹니다. 그러면 그때까지 보지 못했던 부분을 발견하게 되고 미처 몰랐던 면을 알게 되지요.

의식과 무의식의 균형이 잡히면 줄곧 끌어안고 있던 스트레스에서 해방되어 포근한 잠에 빠질 수 있습니다. 그뿐만 아니라 무의식의 힘을 능숙하게 다룰 줄 알게 되면, 신기하게도 주변 사람과 환경도 점점 더 나에게 편안한 모습으로 변화하지요.

긴장을 풀고 편안하게 쉬고 싶을 때

'기분 좋은 일 찾기 게임'

자기 전에 자신이 기분 좋다고 느끼는 일을 상상하는 것은 일반적인 수면 유도법이다. 이때 '기분 좋은 일'이 뭔지 모르겠다면, '고통'과 '기분 좋음'이 뒤바뀌었다는 증거다.

머릿속에 싫어하는 사람이 자꾸 떠오르는 이유는 뇌가 '분노하는 행위를 기분 좋다.'라고 느끼기 때문이다. 사람들은 보통 실수를 저질러 창피하거나 속상한 마음이 들 때 이를 고통으로 받아들이며 이런 일이 계속 반복되면 같은 일이 일어나지 않도록 회피하기 마련이다.

하지만 피하지 않고 계속해서 같은 생각을 떠올린다면 '고통=기분 좋음'과 같은 상태라고 느끼고 있을지도 모른다. 그럴 때 정말로 좋아하는 기분 좋은 일을 떠올리면 복잡한 생각이 사라지고 금방 잠에 빠질 수 있다.

잠자리에 들기 전에 긴장을 풀고 편안한 상태가 되어야 기분 좋게 잘 수 있다는 이야기는 정신과 의사도 자주 하는 말입니다. 하지만 평소 일이나 집안일을 할 때는 어느 정도 긴장을 유지하고 있으므로 교감신경이 더 활발하게 움직입니다.

일을 마친 뒤 느긋하게 씻고 나서 침대 위에 편안하게 벌러덩 드러누울 때는 부교감신경이 더 활발해진 상태고요. 긴장했을 때보다는 몸과 마음이 편안해져 부교감신경이 활성화되었을 때 좀 더 쉽게 잠들 수 있습니다. 따라서 자기 직전까지 스마트폰이나 TV를 보면 교감신경이 자극되어 잠이 달아나버리지요.

자기 전에 스마트폰으로 마음이 따뜻해지는 힐링 영상을 보면서 편히 자야겠다고 생각하는 사람들이 있습니다. 하지만 메일이나 소셜 미디어 앱이 늘 켜져 있으니 '싫어하는 사람한테 연락이 오면 어쩌지?' 하는 걱정에 자기도 모르게 긴장하고 말지요. 그러면 교감신경이 작용해서 편히 잠들기가 어려워집니다.

그럴 때는 부교감신경이 교감신경보다 활발해지도록 '기분 좋은 장면'을 상상하는 수면 유도법을 시도해봅시다. 부교감신경을 자극해서 절로 마음이 풀어지면서 몸도 마음도 편안하게 잠드는 연습이지요.

- 우리 집 고양이 배에 얼굴을 파묻고 냄새를 맡으면 행복해진다.
- 별이 총총 빛나는 밤하늘을 바라보며 노천탕에 몸을 담갔더니 정말 기분이 좋았다.

이렇게 기분 좋았던 장면이나 행복해지는 장면을 상상해봅시다. 다만 아무리 연습해도 기분 좋은 장면을 떠올리지 못하는 사람도 있습니다. 머리로 아무리 좋은 생각을 떠올리려고 해도 자꾸만 싫어하는 사람에 대한 기억이 자동으로 떠오를 때는 어떻게 해야 할까요?

'고통'은 곧 '기분 좋은 일'?

기분 좋은 장면을 생각하려 할 때 분노를 유발하는 사람이 떠오른다면 '화를 내는 것과 기분 좋은 것을 동일시하고 있다.'는 사실을 깨달아야 합니다. 화를 내면 뇌에서 아드레날린이 분비되어 '기분이 좋다.'라고 인식하기 때문이지요. 기분 좋은 장면을 생각했는데, 창피를 당한 장면이나 실수했던 장면이 떠오르는 경우도 있습니다. 그것도 마찬가지로 고통 때문에 아드레날린이 분비되어서 기분이 좋다고 느끼는 것뿐이니 그리 이상한 일은 아닙니다.

그럴 때는 그저 내가 고통을 좋은 기분으로 착각했다고 생각하며 스스로를 이해해주면 됩니다. 오히려 자꾸만 불쾌한 일을 떠올린다는 사실에 연연해 이유를 찾으려 들면 교감신경을 자극하고 맙니다.

'고통을 쾌감이라 여겨도 괜찮다.'고 자신의 마음을 있는 그대로 받아들이면, 더 이상 자책하는 마음이 들지 않으면서 긴장이 풀립니다. 그러면 부교감신경이 활성화되어 서서히 졸음이 찾아오지요.

나아가 기분 좋은 장면을 생각했을 때 아무것도 떠오르지 않는 사람은 고수입니다. 깨달음의 경지에서는 '아무것도 느껴지지 않는 무(無)의 상태'가 바로 '기분 좋은 것'이니까요. 그럴 때 "왜 나는 아무것도 안 떠오르지?"라고 머리를 이리저리 굴리기 시작하면 점점 의식이 깨어나면서 교감신경이 우위를 점하게 됩니다.

하지만 아무것도 느끼지 않는 '무'의 상태가 기분 좋은 상태라고 생각하면 마음이 놓이고 부교감신경이 우위에 서며 긴장이 풀리지요. 자기 전에 기분 좋은 일 찾기를 꾸준히 연습하면, 자는 시간에 부교감신경이 활성화되는 버릇이 생겨서 늘 기분 좋게 잠을 청할 수 있습니다.

머리를 비운 상태로 숙면을 취한다

만성적인 불면증에 시달리는 여성이 있습니다. 과거에 있었던 기분 나쁜 사건을 떠올리거나 앞날에 대한 막연한 불안 때문에 근심을 내려놓지 못해서였지요. 여성은 문제를 해결하기 위해 기분 좋은 일 찾기에 도전해보기로 했습니다.

그런데 막상 잠자리에 눕자 어째서인지 예전에 누군가 무례한 행동을 했던 장면이 자꾸 생각났습니다. 여성은 금세 상담 전문가의 말을 떠올렸습니다.

"아! 내가 지금 상대방에게 화를 내는 것을 기분 좋은 일이라고 인식하고 있구나."

그러자 다른 사람에게 분노하면서 기분 좋다고 생각하는 건 뭔가 이상하다는 불안이 불쑥 솟아올랐습니다. 하지만 '화를 내더라도 일단 내가 기분이 좋아진다면 어느 정도는 괜찮지 않을까?'라고 달리 생각하니 긴장이 풀리고 몸이 나른해지면서 졸음이 쏟아졌습니다.

여성은 다음 날에도 일찌감치 이불 속으로 들어가 '기분 좋은 장면'을 상상해보았습니다. 그러자 '돈이 다 떨어지면 어떡하지?', '나이 들어서 혼자가 되면 어쩌지?' 하고 아직 닥쳐오지도 않은 앞날에 대한 불안이 하나둘 떠올랐습니다. 하지만 이런 생각 역시 불안이라는 고통을 기분 좋은 것으로 받아들이고 있기 때문이라는 점을 금세 깨달았습니다.

나는 정말 싫다고 생각하지만, 싫은 일이나 잊고 싶은 일을 생각하면 할수록 반대로 기분이 좋아진다고 느꼈습니다. <u>화를 냄으로써 오히려 즐거움을 느낀다는 사실만 깨달았을 뿐인데, 어느새 기분 좋은 피로와 잠이 찾아왔습니다.</u>

매일 밤 이런 상상을 하다 보니 어느 순간부터 행복한 장면이 아무것도 떠오르지 않게 되었습니다. 그러자 기분 좋은 일이 없어졌을지도 모른다는 불안감이 몰려왔지만, 이내 깨달았습니다.

"어쩌면 이게 바로 아무것도 느껴지지 않는 '무'의 상태에서 기분이 좋은 것일지도 몰라!"

아무 생각도 하지 않는 만족스러운 상태를 음미하는 사이 이 분은 스르륵 깊은 잠 속으로 빠져들었습니다. 그런 과정을 반복하다 보니 이제는 예전처럼 다른 사람의 행동에 일희일비하거나 스스로를 탓하지 않고 평온한 마음으로 하루하루를 보내게 되었습니다.

그뿐만 아니라 평소에도 어떤 일이 자신을 행복하게 하는지를 열심히 찾으면서 불만을 느끼는 일도 점점 줄어들었습니다. 신기하게도 일과 집안일에도 온전히 집중하게 되었고요. 스트레스로 가득했던 매일이 지금은 믿기 어려울 만큼 즐거워졌습니다.

마음이 불만으로 가득할 때
'스트레스 해소 5회 호흡법'

스트레스는 자신이 느낀 감정을 말로 표현할 때 비로소 해소할 수 있다. 코로 숨을 들이마실 때 '감정을 표현하는 능력이 내 안으로 들어온다.'라고 머릿속으로 되뇌어보자. 그리고 입으로 숨을 내뱉을 때는 '오늘 하루 느낀 감정이 말과 함께 바깥으로 나간다.'라고 떠올려보자.

이렇게 자신이 '들이마시는 숨'과 '내쉬는 숨'을 느끼다 보면 머릿속에 쌓인 스트레스가 점점 줄어든다. 이 과정을 다섯 번 반복하면 말로 표현하기 힘든 스트레스를 뱉어냈다는 자기 암시 덕에 깊은 잠에 빠질 수 있다.

아무리 기분 나쁜 일이 있어도 기분 나쁘다는 감정을 그 자리에서 정확하게 말하면 큰 스트레스가 되지 않습니다. 하지만 말로 표현하지 못하면 그때 말하지 못했다는 후회 때문에 스트레스가 쌓이지요. 불쾌한 일이 있을 때 꾹 참거나 상대방에게 말해봤자 소용없다며 말을 아끼면, 스트레스 때문에 기분 좋게 잠을 청할 수 없습니다.

그렇다고 불평불만만 늘어놓는 사람이 스트레스가 전혀 없느냐 하면 그렇지는 않습니다. 늘 투덜투덜거리기만 할 뿐 싫다는 감정을 정확하게 표현하지 않기 때문에 스트레스를 해소하지 못하니까요.

기분이 나쁘다고 느꼈을 때 그 자리에서 적절하게 말로 표현해 스트레스를 쌓지 않는 것. 그것이 이번에 소개하는 '스트레스 해소 5회 호흡법'의 목적입니다.

'스트레스 해소 5회 호흡법'은 자기 전 자신의 호흡에 집중하는 방식입니다. 숨을 들이마실 때 머릿속으로 '감정을 표현하는 능력이 내 안으로 들어온다.'라고 되뇌입니다. 그리고 숨을 내쉴 때도 '오늘 하루 느낀 나쁜 감정이 말과 함께 바깥으로 나간다.'라고 떠올려봅시다. 처음에는 외우기가 조금 어려울지도 모르니 보면서 읽어도 좋습니다.

이런 호흡과 암시를 다섯 번 반복하다 보면 그간 말로 표현하지 못했던 스트레스를 뱉어내는 데 성공했다는 자기 암시를 줄수 있습니다. 이를 통해 실제로 일어난 일을 꿈속에서 다시 경험함으로써 말하지 못해 쌓인 스트레스를 발산하고 이미 지나간 기억으로 깨끗이 정리할 수 있지요. 그러면 불쾌한 경험을 반복하지 않게 됩니다.

기분 나쁜 일이 있을 때 느낀 감정을 한 번이라도 제대로 표현하지 못하면 그 경험에 대한 기억을 깨끗이 정리하기가 어렵습니다. 그러면 언젠가 비슷한 일을 다시 경험해서 기억을 정리하려는 현상이 발생하지요. 결국 기분 나쁜 일이 또 일어난다는 뜻입니다. 당사자는 '내가 이상해서 자꾸 그런 일에 휘말리는 건 아닐까?'라고 생각하지만 실제로는 정리되지 않은 기억을 완전히 매듭짓기 위해 자기도 모르게 같은 일을 반복하는 것뿐이지요.

꿈속에서 '말로 표현하는 능력'을 제대로 발휘하면 불쾌한 경험이 하나의 기억으로 정확히 자리를 잡습니다. 자연히 같은 일이 반복되지 않고 스트레스도 점점 줄어들지요. 결과적으로 잠도 푹 잘 수 있습니다. 깨어 있을 때 받은 스트레스는 꿈속에서 해소되어 상쾌한 기분으로 아침을 맞이할 수 있습니다.

이렇게 정리된 기억은 다음 날부터 효과를 발휘합니다. 스트레스를 느낄 만한 상황에서도 "아! 여기서는 이렇게 하면 되겠구나!" 하고 능숙하게 또 다른 기회로 바꿀 수 있지요.

불평불만이 끊이지 않을 때

늘 주변 사람에게 불평만 늘어놓는 한 남자가 있습니다. 한번 상사를 흉보거나 회사를 욕하기 시작하면 끝이 없지요. 회사 동료들도 처음에는 맞장구를 치며 잘 들어주었지만, 같은 이야기를 반복하자 점점 질려서 아무도 상대해주지 않게 되었습니다.

그는 뒤에서는 늘 투덜거리며 다른 사람 흉을 보면서도 정작 당사자 앞에서는 아무리 무리한 일을 떠맡게 되더라도 아무 말 없이 받아들입니다. 상사의 온갖 잡일을 떠맡느라 본래 자기가 해야 할 일은 좀처럼 진행하지 못하다 보니 상사로부터 핀잔을 듣기 일쑤고 업무 평가는 오르지 않아서 연봉도 동기 중 가장 낮은 수준이 되어버렸습니다.

동기들이 승승장구하는 동안 자신은 잡일만 잔뜩 끌어안고 있느라 실속 없이 야근만 반복하는 상황이 되었지요. 상사가 야근하지 말라고 잔소리를 해도 아무런 말도 하지 못하고요. 그런 일이 계속되자 밤에도 잠을 이루지 못하고 겨우 잠들어도 피로가 가시지 않아 일의 효율이 더 떨어졌습니다.

그때 상담 전문가가 '스트레스 해소 5회 호흡법'을 가르쳐주었습니다. 남성은 평소보다 이른 시간에 잠자리에 들어 자신의 호흡에 정신을 집중했습니다. 들이마시고 내쉴 때, 감정 표현 능력이 늘고 스트레스가 줄어든다는 암시 문구도 외워봅니다. 이를 다섯 번 반복하니 왠지 머리가 텅 비면서 자기도 모르는 사이 잠에 빠져들었습니다.

무리한 요구를 쉽게 거절하기

꿈에는 화를 내는 자기 자신의 모습이 등장했습니다. 투덜투덜 불평하는 모습이 아니라 누군가에게 정확하게 화난 지점을 설명하는 듯 보였지요. 다음 날 아침이 되자 일어나기 힘들다며 끙끙거리던 평소와 달리 아주 개운하게 눈을 떴습니다. 출근해서도 늘 머리가 제대로 돌아가지 않고 몸도 천근만근 무거웠는데, 오늘만큼은 가벼운 마음으로 일을 시작했습니다.

처음에는 꿈속에서 일어나는 일에 대해 반신반의했지만, 어쩌면 정말로 기억이 머릿속에 정돈되고 있을지도 모른다는 생각이 들기 시작했습니다. 그러자 잠드는 시간도 점점 기다려집니다. 얼마 전까지만 해도 늦게까지 야근하다 보니 자는 시간도 크게 줄어든 상태였지요. 그런데 호흡법을 실천하기 시작한 뒤로는 일의 효율도 높아졌습니다.

그는 이제 침대에 누우면 호흡에 정신을 집중하며 '스트레스 해소 5회 호흡법'을 실시합니다. 네 번째 호흡을 할 때쯤 되면 머리가 텅 비고 다섯 번째쯤 되면 머릿속이 호수처럼 잔잔해지면서 아무런 생각도 들지 않아 서서히 잠이 찾아들지요.

그러던 어느 날, 상사가 자기 자리로 그를 불렀습니다.

"요즘 업무 처리 속도가 빨라진 것 같은데 이 일 좀 맡아주겠나?"

은근히 일을 떠넘기려 한다는 생각이 들자 남자는 상사의 말을 단호하게 거절했습니다.

"죄송하지만, 지금은 프로젝트 업무가 아직 마무리되지 않아서 말을 수 없을 것 같아요."

말하고 나서 스스로도 깜짝 놀랐지요. 이 말을 들은 상사의 표정이 굳어져서 순간 마음이 움츠러들었지만, 이만 자리로 돌아가겠다고 말하고 그 자리를 벗어났습니다. 그런 자신에게 깜짝 놀라면서 말이지요.

자리로 돌아오고 나니 죄책감이 조금 느껴지면서도 그보다는 후련한 마음이 훨씬 커서 지금 맡은 일에 온전히 집중할 수 있었습니다. 그리고 정시에 일을 깔끔히 끝마쳤지요.

'그동안 잔뜩 쌓여 있던 스트레스가 일을 방해하고 있었구나!'

그 사실을 깨닫자 호흡법을 실천하며 잠드는 시간이 하루 중 가장 기대되는 순간이 되었습니다.

불안해서 자꾸 잠이 달아날 때

'자존감을 높인 상태로 잠들기'

평소 강한 불안감을 느끼는 사람에게는 '잠이 달아나는 원인을 찾는 암시'가 효과를 발휘하기도 한다. 무의식 상태에서 잠들지 못하는 원인을 되짚어보면 깜빡하고 있던 부분을 떠올릴 수 있다. 이처럼 중요한 포인트가 생각나면 불안감이 사라져서 편안히 잠자리에 들 수 있다. 이번에는 기억력을 높이고 불안감을 없애는 방법을 소개한다.

잠자리에 누웠을 때 아침부터 밤까지 자신이 먹은 음식을 하나씩 떠올리며 '나는 사랑받을 만한 사람'이라고 머릿속으로 되뇌어보자. 아침에 먹은 달걀과 식빵 등을 떠올리며 '나는 사랑받을 만한 사람'이라고 되뇌고, 간식으로 먹은 바나나 칩을 생각하면서도 같은 문구를 되뇐다. 그렇게 하루를 차근차근 돌아보다 보면 어느덧 잠이 찾아온다.

사람은 기억이 분명하지 않고 알쏭달쏭하고 모호할 때 불안을 느낍니다. 인간관계에서 속상한 일을 겪었을 때는 잠자리에 누웠다가 그 장면을 다시 떠올리기도 하지요. 이런 현상이 나타나는 이유는 의외로 중요한 부분이 기억에서 쏙 빠져 있기 때문입니다.

상사에게 혼이 나서 속상하고 불쾌한 마음이 들더라도 "싫은 소리를 들을 때는 짜증이 났지만, 지금 나한테 필요한 말이긴 했어." 하고 중요한 포인트를 찾으면 속으로 끙끙 앓을 필요가 없어집니다. 같은 생각을 되풀이하느라 잠들지 못하는 것은 이처럼 '빠진 정보'를 찾고 있는데 아직 보이지 않는다는 뜻이기도 하지요.

잠을 멀리 쫓아내는 불안감을 없애기 위해 이번에는 기억력을 높여봅시다. 여기서 소개하는 '자존감을 높인 상태로 잠드는 방법'은 언뜻 보면 기억력과 전혀 상관이 없어 보일지도 모릅니다. 하지만 효과적인 방법이니 꼭 한번 시도해봅시다.

이불 속에 들어가서 오늘 하루 자신이 먹은 음식을 아침부터 차례대로 되짚어봅니다. 하나씩 떠올린 다음에는 '나는 사랑받을 만한 사람'이라고 머릿속으로 되뇝니다. 이 말은 기억을 단단히 자리 잡게 만들어주는 명령어입니다. 아침 식탁 위 밥그릇에 담긴 밥을 떠올리며, 그 옆에 미역국을 떠올리며, 점심 도시락에 담겨 있던 고등어구이를 떠올리며, 밥 곁에 놓여 있던 달걀말이를 떠올리며 '나는 사랑받고 있다.'라고 되뇌면 됩니다.

이렇게 그날 하루 먹은 음식들 사이사이로 오늘 일어난 일들에 관한 기억도 정돈됩니다. 그러면 어느덧 뇌가 차분해지면서 평온한 잠 속으로 빠져들게 되지요. 매일 밤 반복해서 훈련하다 보면 자기도 모르는 사이에 기억력도 서서히 좋아집니다. 그러면 신기하게도 쓸데없는 생각을 하지 않게 되어서 머릿속이 잔잔한 호수처럼 고요해지고요.

사람들은 나쁜 생각이 자꾸 떠오르는 이유가 쓸데없이 기억력이 좋아서라고 여깁니다. 하지만 실제로 기억력이 향상되면 '정작 중요한 것은 기억하지 못한 채 쓸데없는 생각만 되풀이한 것'이었다는 사실을 깨닫게 됩니다. 자존감이 높아진 상태로 잠드는 방법을 이용해 잠을 청하면 기억이 착착 자리 잡아 자신감이 가득한 본연의 모습으로 돌아갈 수 있습니다.

그뿐만 아니라 낮은 자존감과 자신감은 자신의 성격 탓이 아

니라 '그저 기억에 난 구멍 때문'이었다는 새로운 사실도 깨닫게
되지요.

일에 쫓기느라 마음이 편치 않을 때

한 남성은 사업을 시작한 뒤로 일과 휴식의 구분이 없어져서
하루 종일 끊임없이 일만 했습니다. 집이 곧 일터이다 보니 몇 시
까지 일한다는 제한이 없어서 자꾸만 자는 시간도 늦어졌습니
다. 침대에 누워도 도무지 잠이 오지 않아 늘 술에 의지해 잠을
청하고요.

술을 마시면 확실히 쉽게 잠들었지만, 도중에 깨서 일을 잘 마
무리했는지 아닌지 떠올립니다. 당장 일어나서 확인하지 않으면
마음이 놓이지 않아서 이불 밖으로 나왔다가 결국 다시 잠들지
못한 채 아침을 맞이하지요.

그런 일을 여러 번 반복하자 같은 양의 술을 마셔도 머릿속이
어수선해지고 잠이 오지 않아서 마시는 양이 점점 늘어났습니
다. 낮에는 머리가 멍해져서 일에 집중하지 못하고 실수를 저질

러 거래처에 손해를 끼치기도 했습니다. 결국 자신감을 잃어버렸지요.

그는 문제를 해결하기 위해 상담 전문가에게 배운 '자존감을 높인 상태로 잠드는 방법'을 시도해보기로 했습니다. 하지만 막상 침대에 눕자 역시 술을 마시지 않으면 잠들지 못할 것 같아 불안해졌습니다. 그래도 해보자는 심정으로 하룻 동안 먹은 음식을 되짚어보기로 했습니다.

아침에 먹은 토스트를 생각하다가 버터를 발랐다는 사실까지 떠올리고서 '나는 사랑받을 만한 사람'이라고 되뇌입니다. 문득 이런 바보 같은 방법으로 정말 기억력이 좋아질까, 하는 의문도 듭니다. 토스트 말고 또 무얼 먹었는지 돌아보니 토마토가 생각납니다. 한 번 더 같은 말을 되뇌어봅니다. 그런 과정을 반복하는 사이 그는 어느덧 꿈속으로 들어섰고, 눈을 떠보니 아침이 되었습니다.

'아무 일'보다 '하고 싶은 일'을 중심으로

남자는 술 없이 잠들었다는 사실이 기뻐서 잘 때 어떤 음식을 먹었는지 떠올리기 쉽도록 평소와 조금 다른 아침 식사를 했습니다. 하루를 마치고 침대에 누워 아침에 먹은 달걀말이를 떠올리며 문구를 되뇌었는데, 어째서인지 어제와 달리 잠이 오지 않습니다.

"뭘 먹었는지 너무 열심히 기억해두려고 의식해서 잠이 깨는 건가?"

문득 불안해졌지만 저녁 식사까지 되짚어보고 나서 다시 한번 아침 식사부터 생각하니 어느덧 졸음이 몰려왔습니다. 그러자 도대체 어떤 원리로 잠이 오는 건지 갑자기 궁금해졌습니다.

'혹시 나는 사랑받고 있다라는 말이 잠에 영향을 주는 걸까? 무슨 원리든 뭐 어때, 잠만 잘 오면 됐지.' 이런저런 생각을 하는 동안 신기하게 업무의 효율도 쑥쑥 올랐습니다.

여유가 생기고 나니 그동안은 술을 마시고 자느라 다음 날 집중력이 저하되어서 업무 효율도 좋지 않았다는 사실을 깨달았습니다. 집중력과 기억력이 원래대로 돌아오자 이렇게 여유 있게 일할 수 있다는 점도 실감했지요.

지금까지는 일을 위해 사는 듯한 느낌이었지만, 틈틈이 여유를 가지며 일해도 사업이 순조롭게 돌아가기 시작했습니다. 그래서 업무보다 하고 싶은 일을 중심으로 생활할 수 있게 되었습니다. 일에 쫓기느라 하루하루를 버티는 것만으로도 벅찼는데, 이제는 즐기며 일할 수 있게 되었습니다. 기분 좋은 잠과 함께 사업을 처음 시작했을 때와 같은 자신감도 되찾았습니다.

주변을 배려하느라 나를 억누를 때

'행복한 꿈을 디자인하기'

침대에서 멋진 꿈을 꾸고 싶다고 상상해보자. 쓸데없이 나쁘거나 시시한 꿈이 생각날 때는 근사한 꿈이 떠오를 때까지 끊임없이 상상하면 된다. 그렇게 해서 '내가 정말로 원하는 것'을 찾아내면 자연히 잠도 찾아온다.

이 방법은 매번 혼자만 참느라 괴로워하고, 하고 싶은 말이 있어도 자신의 마음을 잘 전하지 못한다고 생각하는 사람, 즉 주변 사람을 신경 쓰느라 스트레스가 쉽게 쌓이는 사람에게 아주 효과적이다. 이 방법으로 자는 동안 '어서티브니스(assertiveness)', 즉 자신의 의견을 적극적으로 표현하고 주장할 줄 아는 힘이 생겨서 일상 속의 소통 또한 매끄럽고 원활해진다.

꿈을 자유롭게 디자인할 수 있다면 어떤 꿈을 꾸고 싶나요. 자신이 꾸고 싶은 꿈을 직접 상상하는 것이 바로 '행복한 꿈을 디자인하는 방법'이자 '어서티브니스'를 훈련하는 과정입니다.

'늘 불공평하게 나만 참는 것 같다.', '하고 싶은 말을 잘 전달하지 못한다.' 인간관계에서 이런 스트레스를 느끼면 불면에 시달리기 쉽습니다. 지나치게 상대방의 기분을 신경 쓰고 눈치를 살피느라 스트레스가 쌓이니까요. 밤이 되면 자신을 무겁게 짓누르는 스트레스 때문에 잠을 이루지 못합니다.

그럴 때 '행복한 꿈을 디자인하는 방법'을 이용해 어서티브니스를 훈련하면 일상의 스트레스가 점점 줄어들어 행복하게 잠들 수 있습니다. 어서티브니스는 제멋대로 굴거나 자기 뜻을 억지로 밀어붙이는 것이 아니라, 상대의 뜻을 배려하면서도 솔직한 마음과 의견을 표현하는 것을 뜻합니다. 이 능력이 높아지면 자신의 의견을 상대에게 부드럽게 전해서 원만한 인간관계를 쌓을 수 있지요.

이 훈련의 시작은 자기 전 누웠을 때 '오늘은 어떤 꿈을 꿀까?'라고 생각하는 것입니다. 꿈속에서는 뭐든 자유롭게 현실로 만들 수 있습니다. 하늘을 날거나 프로 스포츠 선수가 되는 것도 가

능하지요. 어떤 드라마라도 자신이 원하는 대로 전개해나갈 수
있습니다.

'내가 정말로 원하는 것'에 다가가다

저도 직접 꿈 디자인을 해보았습니다. 그런데 재미있게도 머
리로는 마음대로 생각할 수 있을 것 같은데 실제로는 실수를 저
질러서 문제가 생기는 악몽 같은 전개가 떠올랐습니다. 사람들
은 이처럼 자유롭게 꿈을 만들어나갈 수 있음에도 자신이 평소
생각하는 방식에 따라 꿈을 상상합니다. 이것이 이 훈련의 흥미
로운 점이지요.

예를 들어, 1조 원이나 되는 돈을 펑펑 쓰는 꿈을 상상한다고
하면 '어차피 꿈속에서는 돈이 없어도 내 마음대로 할 수 있지 않
나?' 하는 이상하게 현실적인 생각이 꿈을 가로막기도 합니다. 만
약 꿈이 시시하고 재미없다면 얼마든지 다른 꿈을 떠올리면 됩
니다.

'따뜻한 남쪽 섬의 해변에서 신선놀음하는 꿈은 어떨까? 그것

도 뭔가 좀 지루한데……. 그럼 바다와 맞닿은 호화스러운 별장을 디자인하면 어떨까?' 이렇게 바다 바로 앞에 있는 이상적인 별장에 살며 황금빛으로 빛나는 파도 위에서 서핑을 즐기는 꿈을 상상하다가 저는 어느덧 잠이 들었습니다.

꿈속에서 '내가 정말로 원하는 것'을 발견하면 누구나 기분 좋은 잠 속으로 빠져들게 됩니다. 그러므로 각양각색의 꿈을 마음껏 그려볼수록 좋습니다. 예를 들어, 손만 대도 병을 치유하는 힘에 관한 꿈을 상상했는데 뭔가 마음에 들지 않을 때는 꿈을 구깃구깃 구겨서 쓰레기통에 버리고 다음 꿈을 새로 디자인하면 됩니다. 그렇게 하나씩 구겨서 버리고 또 버릴수록 자신이 진심으로 원하는 것에 점점 더 가까이 다가갈 수 있지요. 그리고 자신이 정말로 원하는 것에 도달한 순간, 무의식이 움직여 포근한 잠이 찾아옵니다.

실제 꿈은 내가 실계한 것과는 다를 수도 있습니다. 하지만 자신이 지닌 어서티브니스에는 실제로 변화가 생기지요. 내가 진심으로 원하는 바를 다른 사람에게 분명히 주장하면서 내가 처한 상황 또한 달라집니다.

지금까지 모든 일이 자신의 뜻대로 되지 않아 스트레스가 쌓인 이유는 '내가 정말 원하는 바를 말하지 않았기 때문'임을 깨닫게 됩니다.

여유로운 마음을 갖게 된 워킹맘

한 여성은 동료나 부하 직원에게 일을 맡겨도 결과물이 성에 차지 않아서 늘 혼자 일을 잔뜩 끌어안습니다. 동료들은 점점 더 힘든 일을 피하면서 꾀를 부리기 시작했습니다. 그런 상황을 상사에게 보고했지만, 상사 역시 업무 분배를 제대로 해주지 않고 알아서 하라는 태도를 보였습니다. 자신이 얼마나 힘든지 전혀 이해해주지 않았지요.

집에서도 마찬가지입니다. 응석받이 아이들은 눈코 뜰 새 없이 바쁜 아침에도 엄마 말은 듣는 둥 마는 둥 하며 유치원에 갈 준비를 제대로 하지 않습니다. 남편은 아침 일찍 출근하기 때문에 늘 혼자 등원 준비를 해야 합니다. 어느 날은 너무 바빠 마음이 조급해진 나머지 아이들에게 "빨리 준비해!"라고 소리를 치고 맙니다. 깜짝 놀란 아이들은 울음을 터뜨리고 등원 시간이 가까워져도 짜증은 도무지 가라앉지 않습니다. 바쁘게 하루하루를 보내기 급급하니 자기 전까지 답답함이 가시지 않아서 좀처럼 잠을 이루지 못합니다.

그녀는 '행복한 꿈을 디자인하는 방법'을 실천해보기로 했습니다. 마음대로 할 수 있는데도, 처음에는 어째서인지 좀비에게 쫓기는 꿈이라든지 동료와 말다툼한 후에 사과받는 꿈 같은 게 떠올랐습니다. 자신이 원하는 내용이 아니니 구깃구깃 구겨서 버렸지요. 다시 새로운 꿈을 그리자 상사에게 실적을 인정받고 승진하는 긍정적인 내용이 생각났지만, 왠지 와닿지 않아서 이번에도 구깃구깃 구겨버렸습니다.

마침내 찾은 꿈은 남편과 둘이서 높은 산을 오르는 광경이었습니다. 해발고도가 높아 주변에는 구름이 가득했지만, 꿈속이므로 방한 도구나 등산 장비 없이 가벼운 옷차림이었습니다. 자신이 특히 아끼는 티셔츠와 짧은 바지를 입고 둘이서 산기슭에 있는 마을을 즐거이 바라보는 꿈. 더 높은 곳의 경치를 보고 싶어서 둘이서 가뿐하게 산을 오르는 꿈을 그린 순간, 포근한 잠에 빠져들었습니다.

애쓰지 않아도 전해지는 마음

아침에 눈을 떴더니 평소보다 몸도 마음도 개운해서 무거웠던 마음이 조금 가벼워진 느낌이 들어 신기했습니다. 여유가 없어서 아이들에게 짜증을 냈던 평소와 달리 오늘은 유치원에 가기 직전까지 아이들을 재촉하지 않았는데도 유치원에 지각하지 않았지요. 출근길에는 불편한 직장 동료가 떠올라 마음이 무거워졌지만, 실제로 얼굴을 맞대고 이야기하면서 업무가 매끄럽게 마무리되어서 기운이 났습니다.

일을 마치고 집에 돌아온 다음에는 아이들의 저녁을 챙겨주고 재우는 것으로 하루 일과를 마무리했습니다. 그러고 나니 오늘은 또 어떤 꿈을 그려볼지 너무나 기대가 되었습니다. '전과 이어지는 꿈도 좋고, 아니면 하늘을 나는 꿈도 좋겠다.' 그렇게 잠자리에 누워 몇 가지 꿈을 디자인하고 구겨서 버리는 사이 어느새 스르르 잠에 빠졌습니다.

그런 밤이 여러 번 반복되자 아이들도 엄마의 변화를 눈치챘는지 아침에 등원 준비를 시키는 일이 수월해졌습니다. 너무나 놀라웠지요. 직장에서는 동료와 부하 직원에게 일을 적당히 분배하고 상사에게 마음 편히 부탁할 줄도 알게 되었습니다. 그러자 전보다 업무가 훨씬 편안해졌지요.

'혹시 어서티브니스가 생겨서 사람들에게 내가 원하는 걸 제대로 전할 수 있게 되었나?'

문득 그런 생각이 들었지만, 부탁하는 방식을 의도적으로 바꾸지는 않았기에 그저 신기할 따름입니다. 자기주장을 하겠다는 생각보다는 자연스럽게 마음 가는대로 일을 했을 뿐인데 예전과 무엇이 달라졌을까? 아이들에게 이래라저래라 하지 않아도 알아서 의젓하게 행동하게 된 것 역시 신기했습니다.

어쩌면 자신이 바라는 바를 애써 상대에게 전하려 하지 않아도 자연스럽게 전해지는 것이 어서티브니스일지도 모릅니다. 그녀는 훈련의 효과가 눈에 띄게 나타난 것이 기뻐서 앞으로도 꿈을 열심히 그려보기로 했습니다.

4장

일상에 힘을 불어넣는
숙면 무의식의 힘

깊은 잠으로
무한한 가능성을 얻는다

불안이 사라진 일상

3장에서는 의식에서 무의식으로 배턴을 매끄럽게 넘겨 기분 좋게 잠드는 방법을 소개했습니다. 지금까지 소개한 훈련들을 꾸준히 연습하면 잠이 잘 올 뿐만 아니라 깨어 있을 때도 무의식이 더 큰 힘을 발휘합니다.

이번 4장에서는 창의적인 아이디어가 솟아나고 불필요한 힘을 빼며 자신이 정말로 원하는 일을 발견하고 인간관계가 원만해지는 등 숙면을 통해 얻을 수 있는 다양한 효과를 소개하려고 합니다.

이 책에서 마지막으로 4장을 읽으면 인생을 뒷받침해주는 무의식의 힘을 느끼게 되면서 '눈앞의 세상'이 완전히 달라지지요. 다음 이야기에 등장하는 분은 이처럼 무의식의 힘으로 새로운 세상을 만났습니다.

이분은 회사에서 일 잘하기로 소문이 자자했고, 상사와 동료에게도 늘 좋은 평가를 받았습니다. 본인도 일을 잘한다는 자신이 있었습니다. 스스로 다른 사람보다 일하는 요령이 좋은 편이고 능력도 뛰어나며 주변 사람들이 미처 알아채지 못하는 핵심까지 포착한다고 생각했지요.

그런데 직장에 어떤 남자 직원이 들어온 이후로 갑자기 마음이 불편해졌습니다. 그 역시 일을 참 잘하는 사람이었는데, 여성이 회의 중에 잠시 말을 더듬거나 머뭇거리면 바로 말꼬리를 물고 늘어졌습니다. 처음에는 그다지 신경 쓰지 않았지만, 그가 반박할 때마다 자신감이 점점 사라졌습니다. 퇴근한 뒤에도 그 사람에 대한 생각이 머릿속을 떠나지 않았지요.

'그 사람은 날 안 좋게 생각하는 게 틀림없어.'

결국 그를 대하기가 갈수록 거북하고 불편해졌습니다. 자신감이 낮아지니 상사나 동료의 기대에 제대로 부응하지 못하는 듯한 기분도 들었지요. 그러다 불현듯 이런 불안이 머리를 스쳤습니다.

"사람들이 내게 큰 기대를 걸고 있다고 생각했는데, 사실은 다 내 착각이고 모두 나를 바보 취급하고 있었을지도 몰라……."

그녀는 더 열심히 하면 모두에게 인정받을 수 있을 거라는 생각에 퇴근 후에도 일을 하고, 밤늦게까지 공부하며 능력을 갈고닦았습니다.

하지만 이렇게 노력하면 할수록 오히려 남자 직원과 사사건건 부딪히는 일이 더 많아졌습니다. 직장 동료들은 아무도 자신의 편을 들어주지 않아서 어쩌면 자신은 회사에서 쓸모없는 사람이 되었을지도 모른다는 절망적인 기분마저 들었지요. 그런 나날이 계속되자 잠을 이루지 못하게 되었습니다.

어느 날 여성은 상담 전문가에게 '무의식'에 대한 이야기를 들었습니다. 전문가가 알려준 마법의 숙면 프레이즈를 되뇌었더니 잡생각이 사라지고 푹 잘 수 있게 되었지요. 일을 일찌감치 마무리하고 적당한 시간에 잠자리에 들자 그 사람을 그렇게까지 미위할 필요가 없다는 생각이 들면서 그 직원에 대한 관점이 달라지기 시작했습니다. 처음에는 '내 발목을 붙잡는 무서운 사람'이라고 생각했는데, 곰곰이 생각해보니 '단순하고 성격이 특이한 사람'일 뿐이었지요. 그러자 그에 대한 두려움이 씻은 듯 사라졌습니다.

"지금까지 그 사람을 적이라고 생각했는데, 애초에 그 사람과 나는 전혀 다른 세상을 보고 있었을지도 몰라."

마음가짐이 바뀌자 상대방의 말을 전혀 신경 쓰지 않게 되었습니다.

여성은 지금껏 모두의 기대에 부응해야 한다는 마음에 잔뜩 긴장한 채 살아왔습니다. 하지만 실제로는 모두 자기 일로도 벅차서 다른 사람을 전혀 신경 쓰지 않는다는 사실을 깨달았습니다. 자신에게 기대를 걸었다는 사람들의 말에도 사실 그리 깊은 뜻이 있지는 않았던 셈이지요. 그러자 어깨에서 서서히 힘이 빠졌습니다.

아등바등하던 태도를 내려놓고 편안한 마음으로 잠들게 되자 눈앞을 가로막던 압박감의 벽이 사라지고 '자유롭고 즐겁게 내 마음 가는대로 일해도 되는' 세상이 펼쳐졌습니다. 그녀의 세상은 전보다 맑고 또렷해졌습니다.

잠을 자면 잘수록 무의식이 활발히 움직여 세계가 더욱 넓어지는 느낌이 들었지요. 여성은 '지금 자신이 보는 풍경이 아니라 한층 더 새로운 풍경을 보고 싶다.'는 기대를 품은 채 잠자리에 들게 되었습니다.

무의식의 힘으로 눈앞에 펼쳐진 무한한 가능성을 두 눈에 담은 순간, 지금까지는 아무것도 보지 못한 채 잿빛 세상을 살아왔음을 깨닫게 됩니다. 꿈에서 무의식의 힘을 끄집어내자 눈앞의 잿빛 벽은 어느새 사라지고 무의식이 보여주는 근사한 풍경이 펼쳐졌지요. 그렇게 세상을 보는 눈이 바뀌었습니다.

아이디어가 고갈되었을 때
새로운 생각이 샘솟는다

무의식은 브레인스토밍의 근본

아무리 머리를 쥐어짜도 좋은 아이디어가 나오지 않을 때가 있습니다. 뭔가 번뜩 떠올라도 "이건 이래서 안 돼, 저건 저래서 안 돼." 하고 하나하나 따져가며 퇴짜를 놓다 보면 아이디어가 금세 바닥나지요. 훌륭한 아이디어를 찾는 방법은 무척 다양하지만, 저는 특히 '브레인스토밍' 방식을 좋아합니다. 머릿속에 떠오르는 아이디어를 하나하나 부정하지 않고 계속해서 적어보는 방법이지요.

예를 들어, '꿀잠을 자는 방법은 뭐가 있을까?'라고 생각해봅시다. 머릿속에 떠오른 생각은 무엇이든 판단하지 말고 일단 노트에 적습니다. 밥을 많이 먹는다, 명상을 한다, 정해진 시간에 침대에 눕는다, 아침 일찍 일어나 햇볕을 쬔다, 자기 전에 스트레칭을 한다……. 생각나는 대로 계속 씁니다. 그러다 쓸 거리가 다 떨어진 순간, 예상치 못한 엄청난 아이디어가 솟아나지요.

아주 재미있는 현상입니다. 이 아이디어는 좋고 저 아이디어는 틀렸다고 판단하는 것은 의식의 작용입니다. 하지만 <u>떠오르는 대로 가리지 않고 아이디어를 계속 적으면 의식의 작용이 줄어들면서 무의식이 더 큰 힘을 발휘합니다.</u>

자신이 낼 수 있는 아이디어를 한계까지 뽑아냈을 때 비로소 무의식이 "이건 어때?" 하고 멋진 아이디어를 건네주는 셈이지요. 그러면 무척 훌륭한 아이디어라는 생각이 듭니다. 이렇게 마지막으로 떠올린 아이디어만 반짝반짝 빛나 보이니 참으로 신기하지요. 브레인스토밍은 혼자서도 할 수 있지만, 여러 사람과 함께 하면 좀 더 손쉽게 반짝이는 아이디어를 얻을 수 있습니다.

그런데 '숙면'을 취하면 이러한 브레인스토밍과 같은 효과를 볼 수 있습니다.

'주제'를 머릿속에 담고 자기

"쉽게 정리 정돈을 할 수 있는 아이디어는 없을까?"

이렇게 뭔가 궁금한 것이 생겼을 때, 저는 혼자 고민하지 않고 '무의식에 맡겨야지!'라고 생각합니다. 하룻밤 푹 자고 일어나면 머리가 맑아지면서 미처 생각지 못한 좋은 아이디어가 번뜩 떠오릅니다.

처음에는 아침에 눈을 떴다가 조금 실망했습니다.

"자는 동안 별다른 꿈도 안 꿨고, 일어났을 때 아무런 아이디어도 안 떠올랐는데……."

하지만 조금 시간이 지나면 멋진 아이디어가 차례차례 모습을 드러내지요. 무의식이 준 아이디어는 특별히 생각해내려고 하지 않았는데 갑자기 번뜩 떠오르기에 숙면이 준 선물임을 단번에 알 수 있습니다.

그러니 좋은 아이디어가 필요할 때는 주제를 머릿속에 담아둔 채 잠자리에 듭시다. 그러면 무궁무진한 힘을 숨긴 무의식이 살며시 몸을 일으켜 굉장한 아이디어를 찾아줍니다.

사실은 잠을 잘 잤을 때 아이디어가 떠오르는 과학적인 원리가 있습니다. 쉽게 설명하자면, 이것은 뇌 속의 '염증 물질'과 관련이 있습니다. 스트레스를 너무 많이 받으면 뇌 속에 염증 물질이 쌓여 머리가 활발하게 돌아가지 않습니다. 하지만 수면을 적절히 취하면 뇌 속 염증 물질이 줄어들어 자신의 본래 능력을 발휘할 수 있게 되어 좋은 아이디어가 떠오르는 것이지요.

그뿐만 아니라 '뇌 속 신경망의 그물코가 촘촘한 정도'와도 관계가 있습니다. 여기서 '그물코'란 뇌의 '신경교세포'(뇌의 신경세포를 보호하고 영양을 공급하는 등 다양한 역할을 하며 신호 전달에 도움을 준다-옮긴이)를 가리킵니다. 천재 이론 물리학자인 알베르트 아인슈타인의 뇌에는 신경교세포가 보통 사람보다 유의미한 수준으로 많았다는 사실도 밝혀졌지요. 신경교세포가 많으면 많을수록 정보 전달의 효율성이 높아집니다.

뇌 속 신경망의 그물코가 촘촘하면 촘촘할수록 상황에 맞는 여러 가지 가능성을 상상하면서 유연하게 대처할 수 있습니다. 하지만 그물코가 성기면 한정된 선택지만 떠올라서 아이디어가 금세 한계에 다다르지요.

그런데 잠을 푹 자면 무의식이 활발히 움직이므로 신경망의 그물코가 촘촘하지 않은 사람도 평소에는 생각하지 못할 전개를 떠올리며 감탄할 만한 일을 꿈속에서 경험할 수 있습니다.

무의식의 가능성은 끝이 없습니다. 의식이 잠잠해진 꿈속에서 무의식은 평소 생각조차 하지 못할 가능성을 보여주지요. 그러므로 잠을 잘 잘수록 뇌 속 신경망의 그물코가 촘촘한 사람처럼 꿈속에서 다양한 가능성을 몸소 체험할 수 있습니다.

그래서 아침에 눈을 떴을 때 자신이 절대 생각하지 못할 기발한 아이디어가 번뜩 떠올랐다고 느끼는 것이지요.

무의식의 무한 가능성

"잠을 자면 새로운 아이디어가 끝없이 솟아난다."

저는 실제로 이런 경험을 자주 했습니다. 한번은 아이디어가 필요해 골머리를 앓다가 문제를 머리에 담아둔 채 자고 일어났더니 갑자기 모르는 단어가 생각나더니 뇌리에서 떠나지 않았습니다.

처음 보는 단어이기에 잊어버리려 했지만 자꾸만 떠올랐지요. 결국 무슨 말인지 조사해보다가 깜짝 놀랐습니다.

"우와, 내가 찾던 바로 그 아이디어잖아!"

이런 경험은 조금 무서울 수도 있지만, 이것이 바로 잘 동안 드러나는 무의식의 힘이자 '무한한 가능성'입니다. 잠을 자면 잘수록 아이디어가 떠오르는 까닭은 자는 사이 무의식이 자신이 원하는 것을 열심히 찾아주기 때문이지요.

힘을 빼고 당당하게
살아갈 수 있다

나를 싫어한다는 착각

"다른 사람과 대화할 때 늘 지나치게 긴장해요."

너무 긴장한 상태에서는 자신이 하고 싶은 말을 상대방에게 똑바로 전하기가 어려운 데다 상대가 자신을 이상하게 여길지도 모른다는 불안감에 휩싸이기도 쉽습니다. 그러면 간단한 대화에서도 '오해받지 않도록' 신중해야 한다는 마음이 지나쳐서 오히려 더 얼어붙지요.

이를테면 이웃과 우연히 마주쳤을 때 긴장해서 인사도 제대로 못하고 횡설수설하는 바람에 자신을 이상한 사람으로 여길지도 모른다며 속상해합니다. 저 또한 그랬습니다. 다른 사람을 대할 때 평온하다면 일상생활이 얼마나 편해질지 늘 생각했지요.

긴장하는 원인은 "상대방이 이렇게 생각하면 어쩌지?" 하고 말하기 전부터 미리 걱정하는 데 있습니다. 저 역시 그런 성격이라서 돌다리도 미리미리 두들겨보고 건너자고 생각하고 행동합니다. 하지만 그럴수록 최악의 상황이 떠올라서 점점 더 단단히 얼어버리지요. 예를 들어, 전화로 신용카드를 해지할 때도 "왜 해지하시나요?"라고 물을까 봐 걱정이 되어서 전화 거는 것 자체가 두려워집니다.

'해지할 때 불이익이 있을 수도 있다고 하면 어쩌지?'

이렇게 아직 일어나지도 않은 최악의 사태를 상상하지요. 결국 잔뜩 긴장한 채로 전화를 걸어 말도 제대로 하지 못합니다. '나는 모르는 사람과 대화하는 데 서툴러서 이야기할 때마다 긴장한다.'라는 편견까지 만들어내고요.

평소에도 쉽게 긴장하다 보니 누군가 나를 안 좋게 생각하면 어쩌나 걱정하며 상대방의 마음을 멋대로 상상하고 사소한 반응에도 "나를 싫어하는 게 틀림없어!"라고 단정 짓지요. 자기 마음도 제대로 모르면서 상대방의 마음을 어떻게 알겠느냐고 스스로 반박하고 싶어 하면서도 왠지 상대방의 마음이 훤히 들여다보이는 듯한 기분이 듭니다.

그리고 '그 사람의 마음'을 상상하면 할수록 긴장감도 점점 높아지지요. 하지만 대인관계에 대한 고민도 숙면으로 해결할 수 있습니다.

긴장을 없애주는 무의식

적절한 시간만큼 숙면을 취하면 다른 사람에 대한 긴장감도 자연히 옅어집니다. 부자연스러운 태도로 오해를 사는 일이 없어지고, 하고 싶은 말을 억누르지 않아도 인간관계가 원만해지며, 처음 만나는 사람 앞에서도 얼어붙지 않게 되지요. 참으로 신기합니다.

스마트워치로 수면 기록을 체크해보니 저는 밤 10시 반 전에 잠들었을 때 '깊은 잠(비렘수면)'과 '얕은 잠(렘수면)'의 균형이 가장 조화로웠습니다. 여기에서 취침 시간이 더 늦어지면 잠을 깊이 자지 못했어요. 왜 지금 '깊은 잠'과 '얕은 잠'에 관한 이야기를 꺼냈느냐 하면, 깊은 잠이 인간관계와 밀접하게 연관되어 있기 때문입니다.

대학 시절 생리심리학 수업에서 '인간은 깊이 잠들었을 때 악몽을 꾼다.'고 배웠습니다. 깊은 잠을 잘 때 공포나 분노를 느끼는 뇌 부위가 활성화되기 때문이라고 했지요. 하지만 그때 꾼 꿈은 중간에 깨지 않는 이상 대부분은 기억하지 못합니다. 무의식은 이처럼 우리가 깊은 잠을 잘 때 인간관계의 온갖 가능성을 검증해줍니다. 다만 악몽이기 때문에 현실에서는 상상할 수 없는 최악의 사태가 벌어지는 것이지요.

악몽 속에서 가장 나쁜 사태를 한 번 겪고 나면 현실에서 최악의 상황이 펼쳐지더라도 의외로 쉽게 대처할 수 있습니다. 스스로 머리를 쥐어짜며 고민하지 않아도 무의식이 심어준 시뮬레이션 덕분에 어떤 일이 일어나도 침착하고 차분하게 반응할 수 있지요. 따라서 누구를 만나든 전혀 긴장하지 않고 자연스럽게 대화할 수 있게 됩니다.

우리가 일일이 나쁜 상황을 상상할 필요가 없는 이유가 이것입니다. 자는 동안 무의식은 여러 가능성을 충분히 짚어줍니다.

꿈에서 만난 다양한 상황 덕분에 상대방이 어떤 반응을 보여도 놀라지 않고 당당하고 유연하게 대처할 수 있지요.

누군가와 대화할 때 지나치게 긴장해서 속상했다면 '한숨 푹 자면 그만이지!'라고 생각합시다. 다른 사람의 마음을 마음대로 단정하지 않게 되어서 상대방과 훨씬 기분 좋게 소통할 수 있습니다.

진짜 원하는 일을
자연스럽게 찾게 된다

하고 싶은 일이 뭔지 모르는 이유

많은 사람이 정말로 하고 싶은 일을 찾지 못해 고민합니다. 진짜로 원하는 일을 찾고 싶다면, 하기 싫은 일을 모두 그만둬보면 됩니다. 그렇게 하나씩 지우다 보면 '내가 정말로 하고 싶었던 일'이 자연스럽게 드러나지요. '하고 싶은 일'이 무엇인지 모르는 이유는 지금 우리가 하기 싫은 일을 하고 있기 때문입니다.

이처럼 자신이 원하는 바를 모른다는 고민은 '학습된 무기력'에서 비롯되기도 합니다. 학습된 무기력이란 오랜 기간 스트레스에 노출되어 어떤 행동을 하든 결국 소용없다고 믿어버려서 벗어날 노력조차 하지 않고 자포자기하는 것을 뜻합니다.

이와 관련된 유명한 실험이 있습니다. 우리에 개를 집어넣고 계속해서 전기 충격을 가하면 처음에는 개가 도망치려고 발버둥을 치지만, 아무리 애써도 벗어나지 못하면 이윽고 저항하지 않게 됩니다. 이후 우리 문을 열어서 언제든 달아날 수 있는 상태가 되어도 이미 무기력해진 개는 도망칠 시도조차 하지 않습니다.

지금으로서는 상상할 수도 없고 결코 해서도 안 되는 잔인한 실험이지요. 그런데 하고 싶은 일을 찾지 못하는 사람은 바로 이런 상태나 다름없습니다. 하기 싫은 일은 전기 충격과 마찬가지입니다. 하기 싫은 일만 계속하면 다른 일을 할 기력이 사그라들고 학습된 무기력에 빠지지요. 어쩌다 울타리에서 벗어나 자유를 얻어도 그땐 이미 하고 싶은 일이 무엇인지 알 수 없습니다.

이런 말을 들으면 당장 하기 싫은 일을 그만둬야겠다는 생각이 들지도 모릅니다. 하지만 이미 무기력해진 사람은 '먹고살기 위해서는 하기 싫은 일도 하는 수밖에 없다.'고 생각하고 맙니다.

주변 사람으로부터 그만두라는 말을 들으면 들을수록 "그래도 해야지 어떡해."라며 계속해서 전기 충격을 견뎌내려 하지요. 그러다 보면 진심으로 원하는 일이 무엇인지 점점 더 알 수 없게 되고 자유로워지는 길도 점점 멀어집니다. 잠은 그런 상태에서 벗어나는 데 도움이 됩니다.

자는 동안 기억이 희미해진다

저 같은 경우 스마트워치로 수면주기를 살펴보면, 하고 싶은 일에만 온전히 몰두한 날에는 '교과서에 나올 법한 정확한 수면주기'가 나타납니다. 그러나 하기 싫은 일을 한 날은 수면주기가 불규칙해서 좀처럼 잠을 깊이 자지 못하지요.

수면주기가 규칙적일 때는 자는 동안 무의식이 기억을 적절히 정리해줍니다. 하지만 수면주기가 흐트러지면 기억과 감정이 여기저기 흩어진 채 방치되지요. 누군가와 싸우고 감정이 상하면 며칠 동안은 참을 수 없을 정도로 화가 납니다. 하지만 자고 일어나기를 반복하다 보면 어느 순간 그렇게까지 화를 낼 일은 아니었다는 생각이 들면서 그 사람에 대한 미움도 점차 사라집니다. 잠을 푹 자면 기억이 말끔히 정리되므로 싫다고 생각했던 것도 점차 미화되어 좋아집니다. 그러므로 질 좋은 수면을 여러 번 취하며 기억을 정리하면 '하기 싫다고' 생각했던 일도 '그렇게 싫지는 않을지도 모르는' 일이 되지요.

지금 하는 일을 싫다고 느끼는 이유는 어쩌면 잠이 부족하기 때문에 기억을 깔끔히 정리하지 못해서일지도 모릅니다. 기억을 미처 가다듬지 못해서 '하기 싫다.'는 기분이 그대로 남아 있는 것이지요.

하고 싶은 일을 늘려가는 법

잠을 자는 동안 무의식이 기억을 차곡차곡 정리하면, 신기하게도 기억이 처음보다 훨씬 아름다워집니다. 하기 싫다고 여겼던 일도 더 이상 전기 충격처럼 괴롭지 않게 되고 수면주기가 일정해지지요.

학습된 무기력에 빠졌던 기억도 미화되므로 자유롭게 자기가 하고 싶은 일에 몰두할 수 있습니다. 다시 말해 무언가에 호기심이 생겼을 때 가볍게 도전할 수 있는 상태가 된다는 뜻이지요. 그뿐만 아니라 새로운 일에 도전하는 동안 다른 일에 관심이 가면 주저 없이 시도할 수 있을 만큼 몸이 가벼워집니다.

하고 싶은 일은 많을수록 좋습니다. 여러 가지를 망설임 없이 도전하다 보면 하고 싶은 일들 사이에서 공통점이 드러나기 시작하니까요. 그런 경험으로 얻은 정보가 잠든 사이 차근차근 정리되면서 이윽고 깨달음이 찾아옵니다.

"내가 정말로 하고 싶었던 일은 이거였구나!"

자는 동안 기억을 정리하는 무의식의 힘이란 정말 대단합니다. 어떤 일에든 가벼운 마음으로 도전할 수 있도록 행동력을 높여줄 뿐만 아니라 나의 진정한 꿈까지 찾아주니까요.

무기력 상태에서
벗어나게 해준다

몸속 '염증'이 무기력을 불러일으킨다

일할 때 스트레스를 많이 받는 사람은 쉬는 날 무언가를 할 의욕이 나지 않아 아무것도 하지 않고 늘어져 있기 일쑤입니다. 스트레스를 느낄 때 사람의 뇌에서는 스트레스 호르몬인 '코르티솔'이 분비됩니다. 이 호르몬이 분비되면 스트레스에 대처하기 위해 혈류가 빨라지고 혈당 수치가 높아지는데, 그 과정에서 혈관에 상처가 생기고 염증이 발생하지요. 염증이 생기면 염증 물질이 뇌에 영향을 미쳐서 뇌 기능이 저하되고 평소보다 더 무기력해지기도 합니다.

이처럼 신체 어디에든 염증이 생기면 염증 물질이 혈관을 타고 뇌에 영향을 주기 때문에 평소보다 쉽게 무기력 상태에 빠집니다. 저도 실수로 넘어져 손목을 접질렸을 때 붓고 염증이 생기면서 아무것도 하고 싶지 않은 기분을 경험했지요.

상처가 나거나 멍이 들었을 때는 눈으로도 염증이 생겼음을 바로 알 수 있습니다. 반면 스트레스로 혈관에 상처가 생겼을 때는 염증과는 관계가 없다고 생각하기 쉽습니다. 하지만 때로는 무기력 상태 자체가 염증이 생겼다는 증거가 되지요.

그럴 때 충분히 숙면을 취하면 무기력 상태가 점점 개선됩니다. 특히 특정 시간대에 숙면을 취하면 '몸의 손상을 치유하는 성장 호르몬'이 분비됩니다. 이 시간대에 대해서는 여러 설이 있지만, 저를 비롯한 환자들의 경험에 비추어봤을 때 오후 10시부터 오전 2시 사이에 숙면을 취했을 때 효과가 바로 나타났습니다. 성장 호르몬은 우리 눈에 보이지 않는 온몸의 상처가 아물도록 도와줍니다. 결과적으로 뇌가 염증 물질에서 해방되면 무기력 상태에서도 서서히 벗어날 수 있습니다.

의욕이 없는 것은 당신의 잘못이 아니다

쉬는 날 아무것도 하고 싶지 않다는 이유로 낮잠을 길게 자버리면 정작 밤에는 깊게 잠들지 못하고 도중에 깨고 맙니다. 실제로 스마트워치로 수면주기를 확인해보면 잠을 깊이 자지 못했다는 사실을 알 수 있지요. 이럴 때는 아침에 눈을 뜨고 나서도 아무런 의욕이 생기지 않아서 출근만으로도 스트레스를 받습니다.

결국 회사에 간다는 스트레스 때문에 혈관은 더욱 상처를 입고 염증이 심해져서 무기력 상태에 박차를 가합니다. 염증이 뇌에 미치는 영향은 의욕이나 기력만의 문제가 아닙니다. 쉽게 화가 나고 소리나 냄새에 민감해지며 사소한 일에도 금세 절망적인 기분에 빠지지요. 그런 악순환이 반복되면서 혈관 손상과 염증 물질로 인한 뇌의 기능 저하가 더욱 심화되고요.

염증 때문에 뇌가 제 기능을 다하지 못하면 "푹 자야지!"라고 마음먹어도 스스로 행동을 잘 제어하지 못합니다. 밤늦게까지 동영상을 보거나 딴짓을 하느라 수면 부족 상태에 빠지기 일쑤지요. 그러면 성장 호르몬이 적절히 분비되지 못해 신체의 손상이 회복되지 못하고 점점 건강을 좀먹게 됩니다.

아무리 밤이 깊어져도 잘 생각이 들지 않을 때는 '잠으로 염증을 치유하자!'라고 생각해봅시다. 뒹굴뒹굴하며 딴짓을 하느라 잠을 제대로 자지 못하면 스스로를 탓하기 쉽지만, 이런 경우 스트레스 때문에 무기력을 개선하기가 어려워집니다.

그러니 '염증 때문에 기운이 없는 거구나.'라고 생각하고 자신을 용서해줍시다. 그러면 숙면을 통해 몸을 치유하는 호르몬이 분비되어 염증이 사라지지요. 염증 물질의 악영향으로 둔해진 뇌도 본래 상태로 돌아가서 비로소 활력을 되찾을 수 있습니다.

인간관계의 고민을
날려준다

조심할수록 미움받는다?

어린 시절 늘 다른 사람의 마음을 배려하며 행동해야 한다고 부모님께 자주 야단을 맞았습니다. 그런데 실제로는 친구의 마음을 신경 쓰고 상대방을 부정적으로 보지 않으려고 애쓸수록 오히려 관계는 자꾸만 틀어졌습니다. 오히려 다른 사람의 기분 따위는 그리 신경 쓰지 않는 듯한 친구들이 더 사이가 좋아 보여서 늘 부러워해야 했습니다.

일을 할 때도 상사와 동료의 마음을 헤아리며 행동하면 처음에는 세심하고 센스가 있다고 칭찬을 받지만, 날이 갈수록 상사는 그런 배려가 당연하다는 듯 무례해지기 일쑤였지요. 때로는 상사의 기분을 누구보다 살피는 자신보다 전혀 배려하지 않고 마음대로 행동하는 직원이 상사에게 더 큰 인정을 받기도 했습니다.

동료들 사이에서도 마찬가지였습니다. 동료들을 많이 배려했다고 생각했는데도 불구하고 저도 모르는 사이에 모두가 똘똘 뭉쳐서 혼자 배신당한 듯한 기분을 맛보았습니다. 참 신기하게도 인간관계에서는 상대방의 마음을 생각하면 할수록 '관계가 점점 어그러지는' 이상한 현상이 일어납니다.

이와 관련해서 아주 흥미로운 연구 결과가 있습니다. 운전하면서 고속도로에서 경광등을 번쩍이며 서 있는 경찰차 옆을 지나갈 때 '절대 부딪히면 안 돼!' 하고 의식적으로 생각할수록 핸들이 경찰차 쪽으로 점점 향하게 된다는 결과가 나왔지요.

인간관계에 비유하면 상대방에게 '미움받고 싶지 않다.'는 마음이 고속도로에서 깜빡이는 경광등인 셈입니다. 그리고 '부딪히면 안 된다.'는 생각은 상대방의 기분을 신경 쓰는 행동에 해당합니다. 번쩍번쩍 빛나는 경광등을 보고 충돌하지 말아야겠다고 생각하면서도 저절로 경찰차 쪽으로 향하는 것처럼, 다른 사람에게 미움받고 싶지 않다는 생각이 너무 강하면 오히려 과한 말과 행동으로 실수를 연발해 미움받는 쪽으로 움직이게 됩니다.

핸들이 자기도 모르게 '경찰차 쪽'으로 돌아가듯이 상대방의 기분에 집착할수록 인간관계를 망쳐버린다는 이야기이지요. 제가 인간관계에서 끊임없이 문제를 일으켰던 까닭은 바로 이런 행동 때문이었습니다.

"저 사람은 진짜 분위기 파악을 못 해."

유독 그런 말을 자주 듣는 사람이 상담실에 찾아와 이야기를 자세히 들어보니 아니나 다를까 저와 비슷한 경우였습니다. 지나치게 주변 사람의 눈치를 보느라 엉뚱한 농담을 하거나 맥락과 상관없는 말을 하는 바람에 오히려 분위기에 찬물을 끼얹는 일이 많았던 것이었지요.

복잡한 인간관계의 돌파구

어릴 때는 인간관계에 대한 고민으로 다른 사람이 어떻게 생각하는지 신경 쓰느라 공부에 집중하지 못할 때가 많았습니다. 그런데 학년이 높아지면서 '공부하기 바빠서 다른 사람의 마음은 신경 쓸 겨를이 없다.'라고 생각한 순간, 예상치 못한 현상이 나타나 깜짝 놀랐습니다.

'어? 요즘에는 인간관계에 대한 고민이 없어졌네?'

처음 사회에 나와 일을 시작했을 때도 너무 바쁘고 기억해야 할 내용이 많아서 다른 사람의 기분에 주의를 기울일 여유가 없었습니다. 퇴근 후에는 늘 쓰러지듯 잠들었지만, 그때의 인간관계가 인생에서 가장 원만했습니다. 하지만 업무에 여유가 생기면서 주변 사람을 점차 신경 쓰기 시작하자 인간관계는 다시 문제투성이로 변해버렸습니다.

이런 문제의 원인은 쓸데없는 생각 때문일지도 모른다고 머지않아 깨달았지만, 잠을 청할 때면 낮에 있었던 일과 사람들이 눈앞에 불쑥 나타나서 그들의 마음을 끝도 없이 상상하게 됩니다.

어느 날은 내 말 한마디 때문에 누군가가 크게 분노해서 큰 갈등이 벌어지는 꿈을 꾸고 무척 찜찜하고 불쾌한 기분으로 잠에서 깼습니다. 그리고 한 달 뒤 업무 관계자와 대화하다가 '어? 어디선가 이런 일을 겪었는데.' 하는 생각이 문득 들었습니다. 꿈에서 본 대화가 현실에서 그대로 벌어지고 있었지요.

'아! 여기서 내가 괜한 소리를 해서 상대가 화를 내고 있었지……'

저는 꿈 내용을 떠올리며 그때와 다른 선택지를 골랐습니다. 그러자 꿈에서와는 달리 갈등이 원만하게 해결되었습니다.

평소 다른 사람이 무슨 생각을 하든 너무 신경 쓰지 않으려 노력했지만, 불안감이 높아지면 상대방의 마음을 자꾸만 상상하게 되어 고민이었습니다. 그런데 무의식에 모든 것을 맡기자고 마음먹으니 쓸데없는 고민 없이 잠을 푹 잘 수 있게 되었습니다. 꿈 속에서 넌지시 알려주는 정보 덕에 인간관계 역시 갈수록 원만해졌지요.

우리가 가끔 데자뷰처럼 "어? 이거 어디서 본 장면인데?" 싶은 기시감을 느낄 때가 있는데, 이것은 자는 사이 무의식이 알려주는 '인간관계의 지혜'일지도 모릅니다.

사람과 사람의 관계란 생각보다 훨씬 복잡하고 오묘하지요. 그러니 스스로 바로잡으려고 시행착오를 거듭하기보다는 복잡한 인간관계에 훌륭히 대처할 줄 아는 무의식에 맡겨보면 어떨까요.

물론 그렇다고 해서 잠으로 모든 인간관계의 문제가 씻은 듯이 사라지지는 않습니다. 하지만 아무리 고민해도 풀리지 않던 문제가 푹 자며 무의식의 힘을 빌릴 때 의외로 좋은 방향으로 해결되기도 합니다. 좋은 잠은 여러모로 도움이 되는 명약이지요.

어느새 가장 나답게
살아가게 된다

무의식이 알려준 내 인생의 주인

지난날을 되돌아보면 깊이 잠들지 못하고 잠을 설친 날은 늘 안절부절못하느라 나답게 행동하지 못했던 것 같다는 생각이 듭니다. 누구든 잠을 잘 자야만 있는 그대로의 모습으로 살아갈 수 있지요. 다른 사람 앞에서 긴장해서 얼어붙거나 내가 아닌 다른 모습을 연기하지 않고 자기다운 모습으로 존재할 수 있습니다.

이처럼 자꾸만 다른 사람을 연기하는 이유는 자신의 단점을 솔직하게 받아들이지 못했기 때문입니다.

"저 사람은 나를 어떻게 생각할까? 틀림없이 안 좋게 생각할 거야."

이렇게 상대방의 생각에만 주의를 기울이니 본연의 모습을 보여주어서는 안 될 것 같다는 불안감 때문에 딱딱하게 긴장하고 다른 사람을 연기하게 되는 것이지요. 다른 사람 앞에서 긴장하는 것도 어떤 의미에서는 '긴장하는 사람'을 연기하는 것과 마찬가지입니다.

어떤 사람은 남 앞에서 '착실한 사람'을 연기하기도 하고, 어떤 이유에서인지 자신도 모르게 '성격이 까칠한 사람'을 연기하기도 합니다. '착실한 사람'을 연기하는 까닭은 스스로를 인정하지 못해서이며, '성격이 까칠한 사람'인 척하는 까닭은 자신의 모습에 자신감이 없어 스스로를 지키기 위해서입니다.

물론 어떤 성격의 사람인 척 자신을 꾸미는 것은 인간관계를 원만하게 만들고 사회에 적응하는 중요한 기술입니다. 하지만 계속해서 내가 아닌 다른 사람을 연기하다가는 점점 스트레스가 쌓이기 마련이지요. 그 스트레스가 혈관에 상처를 입히고 이 때문에 염증이 생기면 뇌가 염증 물질의 영향을 받아 능력을 온전히 발휘할 수 없게 됩니다.

앞서 잠을 푹 자면 인간관계에 관한 걱정거리는 크게 줄어든 다고 이야기했습니다. 나다운 모습도 마찬가지입니다. 다른 사람을 흉내 내지 않아도 자신감 있게 살아갈 수 있지요. 자연히 억지로 다른 사람처럼 행동할 필요도 없어집니다. 그러면 스트레스가 줄고 뇌가 염증 물질에 노출되지 않으므로 '자신의 본모습'으로 돌아갈 수 있습니다.

그 덕분에 결과적으로 주변을 신경 쓰지 않아도 절로 의욕이 솟고 여유롭게 상황을 즐길 수 있습니다. 창의적이지 못해서 참신한 아이디어를 잘 내지 못하고, 처음 만나는 사람 앞에서 심하게 긴장하는 것이 '있는 그대로의 자신'이라고 믿었지만, 숙면을 취하며 무의식의 힘에 맡기고 나니 그런 모습 또한 주변 사람에게 맞춰 연기하던 자신이었음을 깨달았습니다.

잠을 푹 자면 아이디어가 끝없이 샘솟고 누군가를 만나도 더이상 긴장하지 않습니다. 경험을 많이 쌓고 어느 정도 나이를 먹으면서 누군가를 처음 만나도 긴장하지 않게 되었다고 생각할수도 있습니다. 하지만 실제로는 숙면을 취하는 사이 무의식이 활발히 움직여 본연의 모습을 되찾았을 뿐이지요.

'나는 소심한 겁쟁이'라고 생각했지만, 본연의 모습은 사실 정반대입니다. 주변 환경에 적응하기 위해 스스로 만들어낸 캐릭터일 뿐 자신의 진짜 모습은 아니었지요. 이쯤 되면 하고 싶은 일을 찾지 못하는 연기도 할 필요가 없어지므로 조금이라도 마음이 가는 일이 생기면 자신감 있게 편안한 마음으로 도전할 수 있습니다.

만약 도전했다가 실패하면 잔뜩 주눅 들어 의욕을 잃고 무기력해질지도 모른다고 걱정했는데, 그것마저도 주변의 시선에 적응하기 위한 캐릭터에 불과했지요. 푹 자고 나면 그런 의외의 사실도 깨닫게 됩니다. '실패'라고 생각했던 경험은 내가 곤히 잠든 동안 생각지도 못한 방향으로 뻗어나가 양분이 되고 약이 됩니다. 일을 그르쳤을 때 바로 좌절하고 포기하는 모습도 허상일 뿐입니다.

지금껏 '자신의 본모습'으로 존재하는 것은 '약한 자신'도 '못난 자신'도 모두 용서하고 인정하고 받아들이는 것이라고 믿었습니다. 하지만 곤히 잠드는 시간이 늘어나자 '약한 자신'도 '못난 자신'도 사실은 '주변 사람이 자신을 감싸주기를 바라는 마음에 만들어낸 성격'이었을지 모른다고 생각했습니다. 자신을 탓하고 스스로에게 스트레스를 줌으로써 주변 환경에 적응하려 했음을 서서히 알게 되지요.

무엇보다도 무의식은 '인생의 주인공은 타인이 아니라 자기 자신'임을 깨닫게 해줍니다. 있는 그대로, 나답게 살아도 괜찮다고 말해줍니다. 그뿐만 아니라 주변 사람들은 모두 나답게 살아가기 위해 무의식이 준비한 조연이라는 사실도 알게 되지요. 깊은 잠이 가져다주는 선물은 다른 누군가의 기쁨이 아니라 가장 자유롭게 살아가는 나의 기쁨입니다.

읽기만 해도
꿀잠을 잘 수 있는 이야기

이번에 소개하는 글은 읽기만 해도 깊은 잠을 부르는 이야기입니다. 글 중간에 주어가 '소녀'에서 '나'로 바뀌는데, 의식을 흐트러뜨려 무의식의 세계로 들어가기 위한 장치입니다. 조금 어색하더라도 편안한 마음으로 읽어봅시다.

한 소녀가 침대에 누워 잠을 청하고 있었습니다. 평소에는 이불 속에 들어가자마자 기분 좋은 졸음이 몰려와 곤히 잠들었지만, 오늘은 아무리 시간이 지나도 잠이 오지 않았습니다. 늘 자신을 포근한 잠 속으로 이끄는 감각이 좀처럼 느껴지지 않았지요.

소녀는 이런저런 생각을 하기 시작했습니다.

'아까 엄마가 안 보여서 울다 지쳐 잠들어버리는 바람에 잠이 안 오는 걸까? 낮에는 너무 슬퍼서 눈물이 났는데, 왜 나도 모르는 사이에 잠들었을까? 왜 울다 보면 어느새 잠이 들까?

아기도 으앙 울다가 새근새근 잠들어버리곤 하잖아. 눈물 속에 잠이 오는 마법의 성분이 들어 있는 걸까? 다음에 또 눈물이 나면 엄마의 빈 화장품 병에 내 눈물을 담아봐야지. 잠이 오지 않을 때 병에 든 눈물이 있으면 잘 수 있을지도 몰라.'

작고 예쁜 병에 든 눈물을 상상하다 보니 그런 병이 없어도 낮에 그랬듯 울음을 터뜨리면 잠이 올지도 모른다는 생각이 들었습니다.

'좋아, 다시 울어보자.'

엄마가 보이지 않아 외톨이가 된 듯 쓸쓸했던 마음을 떠올리려 했지만, 너무 슬펐던 그때와 달리 조금도 눈물이 나지 않았습니다.

'혹시 낮잠을 자면서 슬픔이 사라져버렸나?'

소녀는 잠이 슬픔을 지워줬음을 깨달았습니다. 그러고 보니 친구와 다툰 날 밤에도 포근한 잠이 자신을 데리러 와주었고 아침이 되고 보니 속상한 마음이 몽땅 사라졌습니다. 다음 날에는 친구와 아무 일도 없었던 듯이 함께 놀 수 있었지요.

'잠든 사이에 대체 무슨 일이 일어나는 걸까?'

소녀의 머릿속에 새하얀 도화지 한 장이 떠올랐습니다.

머릿속 도화지에는 어떤 일을 겪을 때마다 선이 하나씩 더해집니다. 이런저런 일이 생길 때마다 선이 점점 늘어나 뒤죽박죽 어수선해집니다. 그러다 하룻밤 자고 아침이 되면 원래 그랬듯 새하얀 모습으로 돌아갑니다.

'자는 사이에 내 머릿속에 있는 요정님들이 선을 하나하나 깨끗이 지워주는 건가?'

요정님들이 뒤죽박죽 엉망으로 그은 선을 신기한 펜으로 정성껏 지우는 모습이 상상 속에 떠올랐습니다.

소녀는 그런 생각을 하다가 문득 '잠을 부르는 코끼리'를 떠올렸습니다. 예전에는 도무지 잠이 오지 않을 때 코가 길고 몸집이 커다란 코끼리를 생각하면 금방 잠이 들었지요.

소녀는 코끼리를 상상할지 요정님을 상상할지 망설였습니다. 요정님이 선을 지우는 광경을 보는 게 무척 즐거웠으니까요.

'하지만 코끼리를 생각했을 때 정말 잠이 오는지도 다시 확인해보고 싶어!'

한참 동안 생각에 잠긴 사이 어느덧 들판 저편에서 몹시 커다란 코끼리가 천천히 걸어오는 장면이 머릿속에 떠올랐습니다. 코끼리는 환한 햇빛을 받으며 이쪽을 향해 걸어옵니다. 코끼리가 다가오는 모습을 상상하며 소녀는 눈을 감고 침대 옆 흰 벽에 손을 댔습니다.

벽의 기분 좋은 서늘함이 손바닥에 느껴졌습니다. 그 기분 좋은 차가움을 가만히 느끼고 있자 작은 손의 온기가 벽으로 옮겨가 벽이 서서히 따뜻해졌습니다. 코끼리를 만져본 적은 없지만, 손바닥의 온기로 따뜻해진 단단한 벽을 만지고 있으니 커다란 코끼리를 쓰다듬는 듯한 기분이 들었습니다.

나는 어느새 기분 좋은 잠 속으로 빨려듭니다.

커다란 코끼리가 곁에 있으니 마음이 놓여 몸에서 서서히 힘이 빠집니다.

나는 깊고 깊은 잠 속으로 이어지는 계단을 따라 한 발 한 발 내려갑니다.

한 발 내려설 때마다 나의 잠은 점점 더 깊어집니다.

　계단을 한 발짝 내려설 때마다 아기였던 시절로 돌아갈지도
모른다는 이상한 생각이 듭니다. '아무런 걱정 없이 천진하게 잠
들었던 그때로 돌아간다면 어떤 일이 벌어질까? 내가 방긋 웃기
만 해도 모두가 미소 지었던 편안한 아기 때로 돌아가기 위해 잠
의 계단을 내려가고 있는 걸지도 몰라.'

　계단을 내려가면 내가 잊고 있었던 따뜻한 품에 포근히 안긴
듯한 안정감이 몸을 감싼 이불의 부드러운 감촉과 함께 느껴집
니다. 나는 따뜻한 품에 포근히 안긴 채 기분 좋은 잠의 부름에
이끌려 어느새 꿈속에서 본 적도 해본 적도 없는 일을 경험합니
다. 나뿐만 아니라 누구도 해본 적 없는 일입니다.

　나는 늘 내가 하지 못하는 일을 하는 어른들을 대단하게 생각
하며 존경의 눈빛으로 바라보았습니다. 하지만 꿈속에서 어른들
이 해보지 못한 일을 경험하는 자신도 사실은 대단한 사람일지
도 모른다는 깨달음을, 내 안에서 반짝반짝 빛나는 작은 보석 같
은 존재를 발견했습니다.

　'이 빛나는 보석이 있으면 어떤 일이 있어도 괜찮아.'

나는 반짝이는 조그마한 돌을 작은 손에 꼭 움켜쥐었습니다. 돌의 서늘한 감촉이 움켜쥔 손바닥에 느껴집니다. 그리고 나의 체온이 돌로 옮겨가자 돌은 더욱 환하게 빛나기 시작했습니다.

손가락 사이로 새어 나오는 돌의 반짝임을 보았을 때, 내 손이 빛을 가리고 있을지도 모른다는 생각이 들었습니다. 나는 꼭 쥔 손을 펼쳐보았습니다. 작은 손바닥 위에 놓인 돌은 한층 환하게 빛나며 주변을 비추었습니다.

주변을 둘러보자 지금까지 자신이 만난 이야기들이 하나하나 아름답게 벽에 새겨져 있었습니다. 어린아이의 기억을 하나하나 바라보자 빛나는 돌은 아이의 손바닥을 떠나 높이 더 높이 올라가더니 그곳에 있는 모든 것을 비추었습니다.

그곳에는 아이가 앞으로 경험할 미래의 기억까지 모두 새겨져 있었습니다. 작은 아이는 앞으로 어떤 일이 자신을 기다리고 있을지 두근두근 설레는 마음으로 벽에 새겨진 미래의 일들을 들여다보았습니다.

이상하게도 모두 미래에 일어날 일임이 분명한데도 왠지 그립고 마음이 편안하며 따뜻한 기분이 들었습니다. 마치 황금빛으로 빛나는 석양이 붉게 물들며 서서히 저물어가는 광경처럼. 석

양을 바라보는 사이 잠은 더 깊어지고 근육 하나하나에서 힘이 빠졌습니다.

내 몸에 있는 근육들이 하나하나 부드럽게 풀어질 때, 머릿속은 시리도록 맑고 아름다운 물로 가득해졌습니다. 머릿속이 투명한 물로 가득 찰수록 예전에는 미처 보지 못했던 것이 보이고 몰랐던 것을 알게 되었습니다.

이 기분 좋은 잠 속에서 내 속을 가득 채운 물은 점점 더 맑아집니다. 나는 나를 도와주는 무의식이라는 존재를 자기도 모르게 확인하고 싶었는지도 모릅니다.

"나는 너와 함께 있어."

그 순간 마음속에 다정한 목소리가 울려 퍼졌습니다.

그리고 작은 소녀는 포근한 잠에서 깨어났습니다.

아름다운 빛을 받으며.

모든 지식의 확장은
의식적인 행동을 무의식으로
바꾸는 것에서 비롯된다.

_프리드리히 니체

불안으로 가득했던 세상이
기쁨으로 바뀌도록

'무의식'이라는 관점으로 숙면에 관한 이야기를 써달라는 의뢰를 받았을 때 과연 그래도 괜찮을지 걱정이 앞섰습니다. 과학적인 시각으로 수면에 대해 다룬 베스트셀러가 이미 많은 데다 독자 여러분이 무의식에 관심을 가질지 의문이었기 때문입니다.

그때 불현듯 예전에 만난 한 편집자가 생각났습니다. 집필 의뢰를 받고 편집자에게 완성한 원고를 건넸는데, 이런 식으로 써서는 안 된다며 여러 번 퇴짜를 맞았지요.

"그래! 이번에야말로 퇴짜 맞지 않게 제대로 쓰고 말겠어!"

처음에는 굴하지 않고 마음을 굳게 먹은 뒤 다시 원고를 써서

건넸습니다. 하지만 또 매서운 지적이 쏟아졌습니다. 그런 일을 여러 번 반복하다 보니 이런 생각이 들기 시작했습니다.

'이 책을 꼭 내가 써야 할까? 나는 계속 퇴짜 맞는 글밖에 못 쓰는데 앞으로 또 거절당하면 정신적으로 너무 괴로워서 더는 안 될 것 같아.'

그런 마음이 들 만큼 의기소침한 상태였지요.

그런데 편집자는 "선생님이 아니면 안 돼요!"라고 무척 진지한 표정으로 말했습니다. 저는 이렇게 대답했습니다.

"말은 그렇게 하시면서 지금까지 계속 퇴짜만 놓으셨잖아요."

그 말에 편집자는 조금 부끄러운 듯이 자기 이야기를 털어놓았습니다. 저의 책을 읽고 긴장해서 땀이 멈추지 않는 증상이 나았다고 했지요. 도무지 땀에 관한 책을 쓴 기억이 없어 고개를 갸우뚱하자 편집자는 이렇게 말했습니다.

"아뇨. 책에 땀에 관한 이야기는 전혀 없었는데, 책을 읽고 나니 어째서인지 땀을 덜 흘리게 되었어요. 다른 사람 앞에서 긴장하는 일도 없어지고 저의 생각을 제대로 전할 수 있게 되었죠!"

그 이야기를 들으니 제게 최면요법을 가르쳐준 스승님이 떠올랐습니다. 저 또한 그런 경험이 있었지요.

예전에 책을 쓰고 싶은데 도무지 제대로 쓸 수가 없다고 스승님에게 고민을 털어놓은 적이 있습니다. 그때 스승님은 "호숫가에서 마술사가 말이야." 하고 전혀 상관없는 이야기를 꺼냈습니다. 그 이야기가 내 고민과 대체 무슨 관계가 있을까 생각하는 사이 그대로 깜빡 잠이 들었습니다.

나중에 스승님의 이야기를 다시 떠올리려 했지만, "호숫가에서 마술사가 말이야."라는 말밖에 생각나지 않았지요.

결국 아무 의미 없는 대화였다며 실망했지만, 사실은 달라진 부분이 있었습니다. 글을 쓰려 해도 늘 몇 줄밖에 쓰지 못했던 제가 원고지 열 장, 30장, 80장까지 죽죽 쓸 수 있게 되었거든요. 그때 "무의식은 참 대단해!"라고 감탄했습니다. 이 원고를 쓰며 그 기억을 다시금 떠올렸습니다.

이 책을 읽어보면 무의식을 자극하는 이야기가 글 이곳저곳에 잔뜩 담겨 있습니다. 어쩌면 다른 사람 앞에서 긴장하며 땀을 흘렸던 편집자처럼 전혀 생각지 못한 부분에서 효과가 나타날지도 모르지요.

이 책에 담긴 이야기를 읽고 무의식과 친밀한 관계를 만들면,

무의식이 보이지 않는 곳에서 우리에게 힘을 보태줍니다. 무의식은 아주 자연스럽고 조용하게 도움을 주므로 자신의 변화를 눈치채기란 쉽지 않습니다. 하지만 늘 자신에게 모질게 굴던 가족이나 주변 사람들이 평소보다 자신을 상냥하게 대하거나 웃음이 많아지는 등 변화가 서서히 나타나기 시작하지요.

무의식의 힘으로 내가 달라지고, 그 변화가 주위에 좋은 영향을 미치고, 뭔가 지금까지와 다르다는 놀라움과 기쁨에 마음이 충만해집니다.

"지금까지 불안으로 가득했던 세상이 어느덧 편안한 마음으로 즐겁게 살아갈 수 있는 세상으로 변화할 것이다."

무의식이 건네준 포근한 잠에 감싸인 채 그런 예감을 받았습니다.

잠이 솔솔 오는 '마법의 숙면 프레이즈'

생각이 너무 많아
잠 못 드는 ____ 나에게

펴낸날 초판 1쇄 2024년 11월 20일

지은이 오시마 노부요리
옮긴이 지소연

펴낸이 임호준
출판 팀장 정영주
책임 편집 조유진 | **편집** 김은정 김경애
디자인 김지혜 | **마케팅** 길보민 정서진
경영지원 박석호 신혜지 유태호 최단비 김현빈

인쇄 도담프린팅

펴낸곳 비타북스 | **발행처** (주)헬스조선 | **출판등록** 제2-4324호 2006년 1월 12일
주소 서울특별시 중구 세종대로21길 30 | **전화** (02) 724-7648 | **팩스** (02) 722-9339
인스타그램 @vitabooks_official | **포스트** post.naver.com/vita_books | **블로그** blog.naver.com/vita_books

ISBN 979-11-5846-428-8 03180

비타북스는 독자 여러분의 책에 대한 아이디어와 원고 투고를 기다리고 있습니다.
책 출간을 원하시는 분은 이메일 vbook@chosun.com으로 간단한 개요와 취지, 연락처 등을 보내주세요.

비타북스 는 건강한 몸과 아름다운 삶을 생각하는 (주)헬스조선의 출판 브랜드입니다.